U0450760

历史十字路口的
人性抉择

乱世人心

押沙龙 著

湖南文艺出版社 博集天卷
· 长沙 ·

试炼一颗心 / 自序

这些年来,我有一种越来越强烈的感觉,就是每个人固然各有不同,可作为一个整体,人类并没有本质变化。年轻人也好,老年人也好;现代人也好,古代人也好,他们本质上差不太多。至少就人心而言,太阳之下,并无多少新鲜之事。

古代人也曾这么想。而且他们想到这里,往往有种真理在握的兴奋。陆九渊说:"东海有圣人出焉,此心同也,此理同也。西海有圣人出焉,此心同也,此理同也。千百世之上至千百世之下,有圣人出焉,此心此理,亦莫不同也。"话里洋溢着一种乐观的自豪。

但是现代人想到此处,也许就会有些颓唐。技术当然不断进步,物质世界也更加繁荣,但是人心的改变却微乎其微。光明不断闪现,黑暗不断降临。我们曾经以为永久拔出泥沼的心灵,有可能重新陷入泥沼。人心的向上攀爬,竟是个西西弗斯式的过程。说起来,这也不奇怪。不管文化如何多变,我们的生物本能没有变化,我们的深层欲望也没有变化。我们心灵的核心之处，和古人没有多大区别。

但是这对于历史来说，是个好消息。如果古人和我们截然不同，那么他们的经验对我们也就没太大意义。正因为古心、今心相去不远，所以历史才能告诉我很多东西——不仅是关于时代的起伏，还有关于人心的奥秘。

那么人心到底是什么样呢？

鲁迅曾经评价陀思妥耶夫斯基说："他把小说中的男男女女，放在万难忍受的境遇里，来试炼它们，不但剥去了表面的洁白，拷问出藏在底下的罪恶，而且还要拷问出藏在那罪恶之下的真正的洁白来。"人心也许就是这样洋葱似的东西，层层包裹着。我们自己也不知道内心有几层罪恶，几层洁白；更不知道剥落到核心之处，裸露出的是罪恶，还是洁白。

我这本书是关于历史人物的集子。写的时候不觉得，写完后再看，发现大多是乱世中的人物。当然也有例外，但总的来说，书里的人都经历了战争、动荡，或者王朝的衰败。为什么要挑选这些人物呢？也许就是应了鲁迅说的"试炼"二字。在平稳的时代，人们戴着社会的面具，涂抹着文化的油彩，往往并不知道自己的胸口下，跳动着一颗什么样的心。但是，乱世来了。面具被撕扯下，油彩被冲刷掉，人们不得不接受时代的拷问，把隐藏的东西裸露出来。

就像书里的文天祥。

南宋灭国之前，文天祥当然也以忠义自许，但是面对生死的试炼，自己到底会如何做？文天祥并不真的知道。在试炼来临前，没有人真的知道。他们最多是以为自己知道，但实际上还是不知道。

就像有网友问过我，如果你看到歹徒要杀害孩子，你会怎么做？我说我不知道。我以为自己很勇敢地冲上去，可事到临头也许会吓跑；我以为自己会吓跑，但也许到时候会热血一涌冲上去。有多少人真知道自己的心呢？

秦桧在微贱的时候，写过一首诗，"高贤邈已远，凛凛生气存。韩范不时有，此心谁与论。"听上去蛮正义的。秦桧是在撒谎吗？我觉得没有。秦桧受到儒家多年的教育熏陶，不可能在一开始就打定主意："我以后要做个权奸！"他写这首诗的时候，应该是真心实意的。他想做个好人，做个忠臣，但是他把自己的心估计错了。真的试炼到来时，他发现自己的心有另一个形状。

文天祥也面临着试炼。生与死的选择赤裸裸摆在他面前。元朝的官员催促他跪下来活，宋朝的遗老们催促他光荣地死。文天祥在这样的炼狱里忍受了好几年。在这几年的时间里，他的心像洋葱似的一层层地剥落。勇敢下面隐藏着恐惧，对死亡的蔑视下面藏着对生的眷恋。但是在恐惧和眷恋之下，又隐藏着更坚硬的勇敢。

不经过乱世的试炼，恐怕文天祥永远不知道自己的心是这样的。

还有魏特琳。她的故事让人落泪。她和文天祥都是英雄，心中都有一份光明。文天祥在生与死的抉择中，选择了死。魏特琳却在不必死的时候,选择了死。她心头的光明被黑暗的记忆吞没,但是乱世的黑暗却被这份光明照耀。

人心就是这样奇特的东西。肉乎乎的柔软,玻璃般的脆弱。可是当你用试炼的火焰去烧灼它,却可以锻造出不可磨灭之物,坚硬如钢铁,光耀如宝石。它懦弱时不知自己为何懦弱,勇敢时不知自己为何勇敢。就像书里的范滂,他对儿子说,我要让你以后做坏事吧,可坏事终究是不能做的;我要让你做好事吧,可我一辈子没做过坏事,却是这么个下场。然后,他就勇敢地去赴死。范滂无法为自己的行为找出一个符合逻辑的理由,但他没有办法不去这样做。因为,他的心生就这样一个形状。

还有嵇康。他告诫儿子,这是一个乱世,容不得骄傲,容不得特立独行,所以,儿子呀,你要庸俗,你要世故,你要讨好那些你不喜欢的人,只有这样,你才能避开所有的刀剑和荆棘,平平安安地活下来。你看,嵇康什么都懂。他明白一切乱世里生存的秘诀,但还是为自己选择了骄傲地死。看得破,熬不过。一颗心竟大于整个世界的分量。

当然,更多的人找到了活下去的办法。

就像这本书里描写的,有人在乱世里如鱼得水,有人在乱世里懵懂天真,也有人像王夫之那样,渡尽劫波后,坐在破落萧条的书斋里,给自己写了一份对联——六经责我开生面,七尺从天乞活埋。王夫之说,在天地之间我已经一无所有,只剩下这颗心,以后我要做的事,就是把它讲述出来。他讲了很多很多，因为这颗心中蓄满了痛苦的经验。他说乱世以前有，以后还会有。当人们都怀着暴戾的心，乱世就会到来。在乱世里，人们会做很多无奈的事，但还是要守住底线。有的时候，国破也只有由它去破，家亡也只能由它去亡，但是人，终究不要做出非人的事情来……

在这本书中，陈列了一颗颗乱世之心。对于我们来说，去读这些"心"有什么意义呢？关于这个问题，我说不太好，因为世上的事情本无意义，一切意义都是我们自己赋予的。但就我而言，阅史无非阅世，读心无非读己。书里的这些"心"往往都经过了乱世的试炼，不得已而凝固，不得已而裸露。我们的心藏于胸口，读这些裸露之心，也许可以打开一个缝隙，窥探一下自己的心。

本质上来说，人生是一种体验，而且只是一种体验。它是从混沌乌有到混沌乌有之间的一瞥闪光。如果说这个世界有什么意义，那也是源于我们心的意义。如果说这个世界有什么形状，那也是源于我们心的形状。我们这一辈子，也许不必经历乱世的试炼，但我们依旧会不断选择和体验。我们体验欢乐，我们体验痛苦，我们体验欢乐与痛苦之间的摇摆迷惘。在这些体验中，我们摸索自己的心，也塑造自己的心。

这本书不能告诉你该如何选择。

人心的形状不同，选择怎么会相同，又怎么该相同？但是人心的本质又相同，所以我们才能从历史返观现世，从他心返观己心。这本书能告诉你的，是你并不孤独。你的痛苦不孤独,你的迷惘也不孤独,因为早已有他心经历过痛苦和迷惘。只是,那些痛苦和迷惘更加极端,是试炼之火,是熔铸之火。

这本书并不全是关于人心的,也讲了观念,讲了文化,甚至讲了时代的造化弄人。但是人心确实占了最大的比重。在我来看,这些"心"就像一个个路牌,标识着人心曾经涉过的历程。就像前面说到的,人心的攀爬向上,本就是个西西弗斯式的努力。一代又一代,人心会回到同样的原点,继续不断攀爬。沿途的风景迥异,攀爬的过程却相差无几。所以,历史上这些人物虽然逝去,但这些路牌却能够永远矗立。

不过,路牌只是路牌,到底要走向什么道路,通向什么样的远方,却只能由自己决定,因为每颗心有每颗心的形状。

目录

黑色乌托邦 _____ 商鞅　　1

错想未来 _____ 孟子　　14

尊严之剑 _____ 荆轲　　27

站在新时代的门槛前 ———— 司马迁　　40

人到底为什么要做好事 ———— 范滂　　57

强人的魅力 ———— 曹操　　68

心头的柔软之地 ———— 嵇康　　80

活在童话般的虚拟世界里　　　　李白　　94

开会不在场的后果 ———— 张邦昌　　106

并不昏庸的"奸君" ———— 赵构　　122

谁是英雄 ———— 文天祥　　139

如何讲好一个大故事 _____ 嘉靖 　　　153

人间的戾气 _____ 王夫之 　　165

"弱鸡"式男权 _____ 蒲松龄 　　181

尖刻的理想主义者 _____ 吴敬梓 　　199

一座巨大的深渊 ———— 鲁迅　　214

世间的义人 ———— 魏特琳　　234

黑色乌托邦 商鞅

一

儒家有一个理想中的乌托邦，这个乌托邦被记载在《礼记》里，"大道之行也，天下为公。选贤与能，讲信修睦。故人不独亲其亲，不独子其子；使老有所终，壮有所用，幼有所长，矜寡、孤独、废疾者皆有所养；男有分，女有归。货，恶其弃于地也，不必藏于己。力，恶其不出于身也，不必为己。是故谋闭而不兴，盗窃乱贼而不作。故外户而不闭，是谓大同。"

这当然是幻想的产物，但是儒家坚持认为历史上确实存在过这样的乌托邦，那就是所谓的"三代之治"。据说在尧舜禹汤的黄金时代，社会就曾达到过这样的境界。后来儒生就经常以此为标杆，批评现实世界的堕落。他们真的都相信"三代之治"有这么完美吗？似乎也未必。可是不这么讲，又如何把信心灌注给大家呢？

不管怎么说，原始儒家确实构想出了这么一个乌托邦。到了后来的帝制时代,这个梦想有过隐秘扭曲的变化,但没有彻底消失,还是扎根在儒家的血脉之中。不过,并非只有儒家才会构建乌托邦,法家也有一个自己的理想乌托邦,而这个乌托邦就记载在《商君书》里。

《商君书》和《韩非子》同属于法家经典,但二者有个很大的不同。《韩非子》的作者是韩非,但《商君书》的作者却有点说不清。这本书有三万来字,二十多篇,中间只有几篇基本可以确定是商鞅写的,其他的都出自后来的法家作者。按现在学者的估计,最晚的几篇可能出现在秦始皇时代。所以说,它是一个大杂烩。不过正因为它不是出自一人之手,反而比《韩非子》更能看出法家的集体意识。要想理解法家到底是怎么回事,《商君书》比《韩非子》要可靠得多。

《商君书》是围绕秦国写的。它不但提供了具体的政策建议,还勾画了整体的乌托邦蓝图,而这个蓝图非常像《1984》的农业社会版。大家都觉得奥威尔很有想象力,其实他想到的很多东西,《商君书》都想到了。相比之下,《商君书》不但早了两千多年,而且还更有实际操作性,毕竟秦国就是它的一块试验田,是可以拿来检验理论的。

二

历史上很多哲学家都喜欢构建乌托邦。大家审美偏好不同,构建出来的乌托邦也会有很大区别,但总的来说,乌托邦大多厌恶复杂多元的世界,觉得那样花里胡哨,不成体统,还容易出事。它们更偏爱整齐划一,人们想法单纯,社会秩序稳定,这样才赏心悦目。比如儒家的"大同世界"虽然看上去蛮幸福,但多少显得有点单调。其实这是乌托邦的共性。凡是乌托邦,都会对社会做出简化,让其露出枯燥的一面。

但也有程度的差别,《商君书》就把乌托邦的"简化"推到了极致,就像把整个世界的色彩全都抽干了,变成单调的黑白色。

就拿职业来说,《商君书》认为,普通人活着就应该干两件事:种地和打仗。其他的事情都是坏的。做生意是坏事,商人越多,社会越乱套,把这个东西交换成那个东西,这有什么用处呢?读书也是坏事,读书人越多,社会越乱套,知道那些大道理有什么用处呢?工匠当然需要,但也不用那么多,做那么多漂亮东西有什么用处呢?留些工匠做点农器、兵器也就够了,其他的人都应该去种地、打仗。

生活也应该全面简化。老百姓不能太穷,也不能太富。大家都吃不上饭,这肯定不行,但是也不能让他们变富,"农有余食,则薄燕于岁",人们富了,就会偷懒,就会不听话,所以要使"贫者富,富者贫",都有口饭吃,但都不敢翘尾巴。

让"贫者富"的办法就是让他们使劲儿种地。但怎么让"富者贫"呢?《商君书》想出了好几种办法,比如说粮食管控。"商无得籴,农无得粜",老百姓把自己的余粮拿到市场上卖是犯法的，应该抓起来。这样一来，他们只能把余粮卖给官府，收购价自然压得很低。老百姓卖了余粮，想吃点好的，还要"贵酒肉之价，重其租"，使劲儿收税，让销售价是成本的十倍，吃穷他们。要是有人不贪吃怎么办呢？那就逼着他们花大价钱买官爵，把粮食给消耗掉。

总之，不让他们手里有余粮。

但是社会财富积累太多，也不是个事儿，所以最终解决方案还是打仗。打仗可以消耗掉多余的财富，让整个社会维持在刚刚够吃的状态。

这里大家要注意一件事，都说法家的目的是富国强兵，打胜仗，其实看看《商君书》就知道，并非如此。法家确实喜欢打仗，但打仗本身不是目的，而是手段——消耗社会财富的手段。国家有了多余的财富，必须通过打仗的方式来消耗掉。这听上去有点匪夷所思，但《商君书》就是这种魔鬼逻辑。战胜敌人当然是好事，但是打仗的主要目的不是为了战胜敌人，而是为了消耗自己的财富。

关于这一点，《商君书》有详细的解释。它认为对于国家来说，有六种坏东西，叫"六虱"，它们分别是岁、食、美、好、志、行。后来的研究者对这"六虱"的解释略有不同，但总的来说，就是好吃的、好喝的、漂亮东西，还有独立意志。

除了"六虱"，还有"十害"，它们分别是礼、乐、诗、书、善、修、孝、弟、廉、辩。在我们看来，善啊、孝啊，这都是好词儿，可在《商君书》看来，这是国家的祸害，具体原因在下面再作解释。

《商君书》认为，国家富了，就会产生这些祸害。人们常说"饱暖思淫欲"，《商君书》的看法更悲观，认为"饱暖思孝悌"。到时候，十害横行，六虱滋生，构成了国家体内的毒素。而要排除这些毒素，只能打仗。"国遂战，毒输于敌，国无礼乐虱官，必强。"所以，战争最重要的目的不是获得土地，也不是统一天下，而是排除体内的毒素，让国家和社会保持强健的体魄。

这就产生了一个天大的问题，如果有一天没法打仗了，怎么办？

《商君书》里确实提到了"王天下"，似乎也在劝君主统一天下，但统一天下以后，没有敌人了，怎么排除体内的毒素，又怎么把"礼乐孝悌"扼杀在摇篮里？商鞅他们对此没做解释。

在战国时代，"王天下"是个政治正确的流行语，不管哪个学派都会挂在嘴上说一说，《商君书》也不例外。但是它似乎觉得这个目标过于遥远，甚至不太可能实现，所以不值得仔细琢磨这个问题。也正因为这样，"王天下"和"不断战争论"之间隐含的逻辑矛盾，也就被它放过了。等到秦始皇灭掉六国，一统天下后，这个矛盾就浮出了水面。

按《商君书》的逻辑推演下去的话，要解决这个矛盾，只有一个办法：既然没有敌人，就只能把老百姓当成敌人。朝廷必须用对待敌国的方式对待他们，用修长城、修骊山墓、修驰道之类的大型工程把社会财富消耗掉，从而排除毒素。

而秦始皇也确实这么做了。

我们对此感到困惑，只是因为对社会财富的看法不同。我们觉得财富是好东西，人民越富裕越好，但是在法家看来，财富是危险之物。老百姓应该辛辛苦苦生产财富，同时君主应该想办法把生产出的财富消耗掉。具体怎么消耗无所谓，只要消耗掉就好。打个比方，这就有点像让人从河里打水，然后一担担地挑到下游倒掉。我们可能会觉得这是一群神经病。可是《商君书》认为，只有这样，才能让老百姓忘掉"六虱""十害"，乖乖地服从控制。

商鞅他们特别讨厌商人，把他们当成一群害虫，其中最重要的原因就是商业导致社会不好控制。《商君书》对此也有过解释。它说商人跟农民不一样。商人的资本可以挪来挪去，有了风吹草动他们可能就会跑掉。而农民的资本就是土地，走不动。因此，商人天生的不服从，而农民天生的服从，而工匠介于二者之间。所以，法家乌托邦的理想公民就是农民。朝廷应该把老百姓尽量都变成农民，种地之余就去打仗。"资重则不可负而逃，邻危则不归于无资。归危外托，狂夫之所不为也。"土地不能扛了跑，而对外不停打仗，邻居都处于危险状态，谁会赤手空拳地跑到危险的地方去呢？这样一来，他们就只能留在原地，让干什么就干什么。

《商君书》对人的移动非常反感。它说商人到处乱跑，就会把市场搞乱，读书人到处乱跑，就会让老百姓听到不该听到的话，甚至会开始琢磨"仁义孝悌"之类的荒谬事情。《商君书》里有一篇《垦令》，根据专家的意见，大概率是商鞅自己写的。《垦令》里就建议要"废逆旅"，关掉所有的旅馆，让人们无法移动。当然，这个想法太过激进，现实中无法做到，但是它确实体现出了法家的逻辑思路。

三

《商君书》为什么厌恶"善、修、孝、弟、廉、辩"之类的东西呢？按正常人的想法，这些不都是好东西吗？

这是因为它从本质上就厌恶道德。

法家不是厌恶具体的某种道德，而是厌恶道德本身，因为道德意味着自由意志。有道德的人会判断，什么是道德的，什么是不道德的。但在法家看来，你算老几？你还判断？每个人都去判断，社会不就乱套了吗？

不仅道德让它厌恶，亲情也让它厌恶。甚至推而广之，它厌恶一切人与人之间的感情，因为感情意味着"私"，就会妨碍"公"。

在法家眼里，真正良好的社会应该靠严刑峻法来维持。你做这件事不是因为喜欢，而是因为不得不做，这才是完美状态。《画策》里就说，"治主无忠臣，慈父无孝子"。这不是"慈亲多逆子"的意思，而是说好君主不需要忠臣，好父亲不需要孝子。这在我们看来，真是很奇怪，忠臣孝子不是挺好吗？但是《商君书》认为，不！忠孝牵涉到道德判断，你选择了忠，就有可能选择不忠；选择了孝，就有可能选择不孝。这都是危险的种子。你就不该自己做判断，你就该不得不去顺从君主、顺从父亲。《商君书》就像古代版的黄晓明一样，我不要你觉得，我要我觉得。

你就不该有任何觉得、不觉得。

在咱们看来，充满感情地做一件事，比别无选择地做一件事更好，但在法家看来，恰恰相反。你听话就行了，不需要你忠。忠，就说明你私下里考虑问题了，这就是可恶。理解了这一点，就能理解法家为什么这么讨厌"善、修、孝、弟、廉、辩"，它不是讨厌这些东西本身，而是讨厌一切的自由意志。

善良和奸恶，它都不赞成。但如果一定让它选的话，法家宁可选择奸恶。因为奸恶让人与人之间不团结。《商君书》里有一段让研究者非常困惑的话，它说："国以善民治奸民者，必乱至削；国以奸民治善民者，必治至强。"让坏蛋来治理好人，国家就强盛，这听上去太荒唐了，读者往往会觉得，这里是不是别有深意呢？其实没有别的深意，《商君书》说的就是字面上的意思。

《禁使》对此有详细解释。它认为：国君不能让任何人团结，团结起来就会蒙蔽上级，法令就执行不下去。所以，一定要让他们的利害不统一。你得了好处，我就吃亏，大家互相防备，互相猜忌，这样国家才能强盛。也就是"夫利异而害不同者，先王所以为保也。故至治，夫妻交友不能相为弃恶盖非，而不害于亲，民人不能相为隐"。

人与人之间不应该有任何情义，有情义就会团结。哪怕是一个家庭内部，也要让他们利害不统一。比如说，丈夫如果在战场上勇敢杀敌，妻子儿女就能得到好处；不勇敢，妻子就要连坐。这样一来，妻子儿女的利益就和他不一样了。他参军的时候，老婆就会说："不得，无返！"不砍个敌人的首级，你就别活着回来！

这样一来，国家大治。

大家要注意，妻子这么对丈夫说，并不是因为爱国。《商君书》从来不提爱国，甚至也不希望人们爱国。就这一点而言，法家跟斯巴达人完全不同。斯巴达鼓励大家狂热地爱国，但是法家绝没有这个念头。它就希望人们都是趋利避害的哺乳动物，想活、怕死，好逸、恶劳。人性越简单，越容易设计出一套规则来管理他们。爱啊、恨啊，反而是不安定因素。

只要把规则设计好了，坏人很容易被挑拨起来互相猜忌。但好人就会有些麻烦。世上总会有特别恩爱的夫妻，特别仗义的朋友，特别重情的父子。商鞅他们也承认，这样的人确实是好人。但好人最可恶，会妨碍法令的实施。所以，就要让坏人去治他们。

说到这儿，顺便讲讲一个常见的误解。因为法家带个"法"字，所以很多人就把它模模糊糊地跟"法治"联系起来了。其实这完全是两码事。现代人说的"法治",是说整个社会遵循一套规则,这套规则赋予每个人准确的权利和义务。而在法家的理念里,你是没有什么权利的。我就是单纯地收拾你,只不过收拾你的时候,有套固定的方法而已。

这就像有一个流氓,每天早上都堵在你家门口,抽你六个嘴巴,周一到周日,风雨无阻,从不间断。而且每天固定六个,不是五个,也不是七个,就是准确无误的六个。那你会不会也感慨:这流氓真是有法治精神啊!

四

但是法家这么做,到底是为了谁呢?

我们知道儒家的立场。儒家也许有点迂腐,不切实际,还有各种各样的偏见,但我们必须承认,儒家是站在普通人的角度考虑问题的。他们接受皇帝,是因为他们认为没有皇帝,社会就无法正常运转,这是没办法的事情。所以,儒家里也会出现黄宗羲、唐甄那样的人物,咒骂说"凡为帝王者皆贼也"。这和儒家核心并不矛盾。

法家就是另外一个样子了。他们似乎完全站在君主的立场看待问题,一切都是为了君主利益的最大化。但是,法家自己都反对忠臣,怎么可能对君主如此忠心呢?说到底,还是不得已。其他学派不仅对君主发言,也在努力争取普通人。但是法家不相信道德，不相信教化，那他们的发言对象只能是帝王。既然如此，写文章当然要站在君主的角度：这样对大王您有利，那样对大王您不利，听我的没错。

但是他们私下里的想法是什么呢？我们可能会猜想说，他们就是为了讨君主欢心，博取荣华富贵。其实也不尽然。法家跟纵横家不一样，并非彻头彻尾的投机主义者。无论是商鞅，还是韩非，都有自己的理想。那么法家的终极理想到底是什么呢？从《商君书》里，多少能看出一点端倪来。

《修权》认为：古代的三王治理天下，后来的五霸匡正诸侯，都不是为了自己的私利，而是为了天下；而现在乱世的君臣都想从国家那里谋求自己的私利，所以国家才会危乱。这么来看，君王不应该把天下国家都看成自己的，要为天下而治天下。君主只是手段，不是目的。法家的终极目标，还是要构建一个理想中的乌托邦社会。

这个社会的核心就是"一"。这个"一"倒不一定是统一天下。至少从《商君书》来看，他们对这件事并不怎么热心。它热心的"一"是"一致"，整个社会看起来都一个样子，又简单又稳定。

如此说起，法家心目中的乌托邦大致是这个样子的：这个乌托邦非常稳定，几乎没有犯罪行为，由于最轻微的罪过也会被严厉处罚，周围的人也会被连坐，所以官员不敢贪污，商人不敢投机，农民不敢偷窃；这里也没有精美的物品，没有悦耳的音乐，没有复杂的诗歌，没有一切可以称之为"文明"的东西；乌托邦里的居民不该太穷，但也不会拥有多少财富，他们应该多生产、少消费，剩余产品积累太多的话，就通过战争的方式消耗掉。人们都像机器人一样服从法令，他们只有最简单的生物本能，想吃好的，想多活几年，想被人尊敬。这些人不会思考，没有道德，人与人之间也没有情义，因为这些东西都会破坏乌托邦的稳定。

总之，它非常像一个井井有条的蚂蚁窝。

当然，乌托邦终究只是乌托邦，即便是秦国也达不到这么完美的标准。用纯正法家的眼光看，秦国还是管理得太浮皮潦草，不够细密深入，太多该法办的人都没法办。但奇怪的是，为什么法家会构建这么一个理想中的乌托邦？这个乌托邦对他们的诱惑力在哪里？是对整齐划一的强烈偏好，还是对操控他人的强烈快感？这令人很难理解，也无法分辨，或许只能把它归结为审美心理的千差万别。

五

最后再说说商鞅这个人。

商鞅的理论大致收录在《商君书》里，但是关于他具体的事迹，就大致只能依据司马迁的《商君列传》。他最主要的工作当然是变法，但是"商鞅变法"的具体内容，司马迁只写了聊聊几十字，读起来有些不得要领。不过司马迁在文末的"太史公曰"提到：商鞅是个天性刻薄的人，我读过商鞅的《开塞》《耕战》书，其中的描述跟他的所作所为差不多。这么推想起来，他的变法精神应该就是《商君书》里的那一套，只不过理论落到实践上，多半要打个大大的折扣。

《商君列传》里有个很著名的故事，就是商鞅政治上失败之后，新的秦王要去捉拿他。他逃跑到了外地，想要住旅店，店主人却不肯收留，说："商君之法，舍人无验者坐之。"商鞅走投无路，就叹气道："为法之敝一至此哉！"

这就有点像韩非子所说的"以天下为之罗，则雀不失矣"，法家想要打造整齐划一的社会，任何一只小麻雀都没法逃脱，可是他们没有想到，自己也有变成麻雀的一天。商鞅和旅店主人的这段对话未必真的发生过，但司马迁写下这个故事的时候，心里多半有点恶意的喜悦：商鞅你求仁得仁又何怨呢？

不管怎么说，法家的大人物往往没有好下场，这倒是真的。不管是商鞅，还是韩非、李斯，最后都死于非命。这里也许有一定偶然性。但是，如果他们的乌托邦真的实现了，这些人本就不该活下来。道理也很简单，法家的乌托邦最讨厌人们独立思考，但他们自己偏偏一肚子宏大想法。那么，这个乌托邦一旦建成，他们凭什么不死？

错想未来 ———— 孟子

一

在春秋战国时期的诸子里，孟子可能是脾气最大的一个。整本《孟子》差不多有一半篇幅都是在跟人抬杠，而且一抬杠就喜欢骂街，什么"禽兽也""非人也"，话说得很难听。王小波在《我看国学》里感慨，孔子是个挺可爱的老天真，孟子却不像好人，一肚子邪火，"如果生在春秋，见了面也不和他握手"。不过在这里，王小波犯了一个错误，用现在的话说，就是"硬伤"。孟子生活在战国时代，王小波如果生到春秋，无论如何都没法跟他握手的。

这个错误当然是一时疏忽，但是无意中涉及了问题的关键。孟子心里确实有股邪火，跟孔子比起来不够从容，这里面当然有性格问题，但主要还是因为时代变了，孟子没有活在春秋，而是活在了战国。

孔子生活在春秋末期。社会虽然混乱，但还残留了一些基本规则，贵族们做事也还要些脸面，不至于彻底地无法无天。而且当时的国际环境也还平稳。晋国和楚国有了"弭兵会盟"，中原地区一直没爆发过大规模战争。孔子生活在一个相对和平的时代。小坏事不断，大坏事没有，所以他才能从容缅怀那消逝的黄金时代，伤感而不失优雅。但是孟子做不到。到了战国时代，秩序早已荡然无存，战争全面升级，一片赤裸裸的黑暗森林景象，孟子触目所及，尽是"争地以战，杀人盈野；争城以战，杀人盈城"，君主们都在"率土地而食人肉"。面对这样的世界，孟子不应该愤怒吗？他确实有股邪火，但这团邪火背后是对铁血世界的深深惊骇。

这种惊骇让孟子愤怒。他整个人就像被狠狠摇晃过的可乐罐子，攒着一肚子气，当然就不太好相处。但是另一方面，愤怒也给了他一种力量，让他在权力面前保持着强大的自尊。

在先秦诸子里，孟子不仅脾气最大，面对君主也最为骄傲。孔子见君主的时候，"摄齐升堂，鞠躬如也，屏气似不息者"，喘气都不敢喘大气。可是孟子完全不吃这一套。不管见了哪个君主，他都是一副居高临下的姿态，动不动就要指斥。用孟子自己的话说，这叫"说大人，则藐之，勿视其巍巍然"。

他数落梁惠王，说"庖有肥肉，厩有肥马，民有饥色，野有饿莩"，你这是领着野兽来吃人啊！在齐宣王面前，他也完全不承认君主有什么了不起，"君之视臣如手足，则臣视君如腹心；君之视臣如犬马，则臣视君如国人；君之视臣如土芥，则臣视君如寇仇。"君主又怎么了？没人欠你什么！

在所有先秦诸子里，对君主说话如此肆无忌惮的，恐怕也只有孟子一人。

孔子敬畏权力，庄子躲避权力，韩非憧憬权力，孟子却视拥有权力者为可供训斥的小学生。当然，这跟环境也有关系。战国前期的君主已有了相当恐怖的权力，但这种权力还只是一具铁网，中间还有缝隙在，并没有合拢成一面铁幕。而且这些君主还相信着知识的魔力。这当然是一种幻觉。知识分子研究的那些知识，绝大部分对统治者都没什么用，有些甚至可厌可憎。但是在当时，无论是知识分子还是君主，似乎都没有意识到一点。不过幻觉总有被打破的时候。一旦知识的魔力褪色，孟子式的骄傲自然也就难以维持。

比如到了宋代，苏洵在《谏论》里就认为，君主高大得像天，尊严持重得像神，威力强得像雷霆。人不能抗天触神，更不能忤逆雷霆，所以跟君主说话一定要讲究方式方法。在孟子眼里，这种言论自是相当卑屈。可等到了明朝，文人又都欣羡苏洵他们，说这些宋代士人既不会被杀头，也不会被随意鞭笞，真是体面极了。这是因为又经过了几百年的演变，士人更形卑屈，"以屯田工役为必获之罪，以鞭笞捶楚为寻常之辱"，连起码的人格尊严都没了。到了这个时候，谁还敢讲什么"说大人，则藐之"呢？拖翻在地，一顿廷仗下来，看你还藐不藐？

说到底，一部中国古代史，也是一部士人日益卑屈的历史。

跟后来的读书人比起来，先秦诸子大多是骄傲的，而孟子又是这些人里最骄傲的。陈丹青老师有句很有意思的话，说有些人长着一张没有被欺负过的脸。孟子长什么样没人知道，画像也都是后人凭空臆想的，但不免令人觉得，他必定也长着那样一张未曾被人欺负过的脸。而秦朝之后的读书人，经过权力的反复毒打，已经渐渐长不出这样的面孔了。

孟子确实也有让人厌烦的地方，比如辩论时喜欢歪曲别人的逻辑，有点不讲理。而且他自信心过于爆棚，一副真理在握的样子，仿佛全世界就靠他来拯救了。他是真这么自信，还是出于自我推销的市场意识呢？但不管是什么动机，听多了还是有点烦人。

然而还是令人忍不住敬佩他。孟子就像一把出鞘的利剑，锋刃上闪耀着人的尊严。尤其是看过了后来士人们的卑屈模样，这把利剑就更显得光辉夺目。王小波似乎对《孟子》还是看的不够细，想得不够多，否则的话，他应该还是肯和孟子握手的。

二

但是有件事很奇怪。

在孟子生活的时代，最严重的问题是什么？是暴力，是战争，是政治秩序的彻底丛林化。大形势很不乐观。各国的军备竞赛全面升级，野蛮善斗的秦国在西部崛起，至少对于儒家来说，这预示着一个黑暗恐怖的未来。但你翻看《孟子》的话，却会发现他最大的假想敌并不是那些操纵暴力的人，而是两个不相干的人物：墨子和杨朱。

孟子非常痛恨墨子和杨朱，他说"杨氏为我，是无君也；墨氏兼爱，是无父也；无父无君，是禽兽也。"在孟子看来，当务之急就是"距杨墨、放淫辞"，不让他们胡说八道，整个社会才会好起来。他甚至上纲上线，把对杨朱、墨子的态度作为判断一个人好坏的依据。什么是圣人之徒？谁反对杨朱、墨翟，谁就是圣人之徒！

这就有点莫名其妙了。

杨朱、墨翟和孟子的观点，确实有很大差异。

首先说杨朱。在思想史上，杨朱是个谜团，因为他没有著作，或者有著作也没流传下来。关于杨朱的主张，人们都是听他的对手们转述的，这就难保没有简化歪曲的成分。《列子》里倒是正面记载了他的一些话，所谓"杨朱曰"如何如何，但是《列子》本身就是部伪书，所以杨朱到底"曰"过什么，还是说不清楚。按照孟子的说法，"杨子取为我，拔一毛而利天下，不为也"，自私透顶。按照现代学者的解释，这也许是种曲解。杨朱说的未必是"一毛不拔"，而是"一毛不换"——即便拿全天下的财富换我的一根毛，我也不换。

这样一听似乎也没什么，毛长在杨朱身上，人家爱换不换。而且退一步讲，就算杨朱真是主张"一毛不拔"，最多也只是自私冷漠，遇事不出头而已，离真正的邪恶还有十万八千里，何至于就是禽兽呢？

再说墨翟。墨子的主张就比较明确了，主要是兼爱、非攻、尚同、明鬼、节葬那一套。现代学者多半都不喜欢"尚同"这一点，认为这里有精神控制的味道。但总的来说，大家对墨子还是以称赞为主，觉得精神可嘉。孟子本人也承认墨子"摩顶放踵利天下"，并不是个自私的人。但是他对墨子的观点极不赞成，比如墨子主张薄葬，孟子就觉得他不孝顺，没良心；墨子说兼爱，孟子更是摇头，你能把亲侄子跟大街上的陌生小孩一样爱吗？这不成了神经病了吗？这还有人味儿吗？

在这一点上，孟子指责得有道理。墨家的说法过于高调，不近人情，真正实行起来恐怕会破坏人伦。但问题是：这就跟杨朱的学说一样，即便不对，也只是不对而已。满世界都在"杀人盈城""杀人盈野"的时候，到底该不该兼爱，该不该拔一毛利天下，又是多要紧的争论呢？

放在那个大环境下看，孟子和杨、墨的主张其实多有重合，比如他们都反对战争。杨朱主张"贵生"，自然讨厌打仗。墨子更是把"非攻"放到理论的核心之处，他认为杀一人是不义，应该处死刑。那么杀十个人就该是十个死罪，杀一百个人就是一百个死罪。一旦打仗，"饥寒冻馁疾病，而转死沟壑中者，不可胜计也"，发动战争的人怎么就不是死罪呢？这和孟子的反战言论并没有太大区别。

无论是孟子,还是杨朱、墨翟,他们都反对屠杀,反对暴政,反对战争升级。他们的分歧,是在这个大前提之下的分歧。既然如此,孟子又何必把杨、墨当成头号假想敌呢?他又何必把对杨、墨的态度看成衡量是非的标准呢?

这就像外面虎狼成群的时候,还非要固执地认定用弓箭还是用矛戈对付虎狼,是顶顶重要的原则之争。跟这个争论相比,虎狼倒没那么可恨了。说起来,这也是人性中常见的偏执。写到这里,不免想到《笑傲江湖》里的华山派,一边说要练气,一边说要练剑,因为这个打得血头血脸,"气剑不分,是禽兽也!"最后等到日月神教来了,把气宗、剑宗一起捉了,挨个杀头。

这下好了,啥都没有了,也就不用分了。

三

在和杨、墨做斗争的过程中,孟子不由自主地夸大了对方的力量。他说杨朱、墨翟的言论充斥天下,天下"不归杨,则归墨",势力庞大得惊人。他还危言耸听,要是杨朱、墨翟他们的主张成功了,"人将相食!"

这就有些夸张了。钱穆就曾纳闷,杨朱这人几乎没有事迹可考,"先秦诸子无其徒,后世六家九流之说无其宗,《汉志》无其书,《人表》无其名",如此这般,势力怎么可能充斥盈天下呢？但是孟子应该也不是全然杜撰。推想起来，他说的是知识分子小圈子里的情形。知识分子张三觉得知识分子李四非常红，哪哪儿讲座都有他，到处有人求签名，一言一行都影响力惊人。但真实情况是什么样呢？出了那个小圈子，可能就没几个人知道李四是谁。然而在张三看来，李四的力量已经充斥天下，再让他放肆下去就要酿成大乱了。

这是一种幻觉。实际上，真正能够在现实层面上塑造未来的，既非杨朱，也非墨翟，而是以商鞅为代表的法家。

法家的源头比较复杂，看上去似乎是道家和儒家的杂交物，受道家的影响似乎更深一些，所以学术界有所谓"道法转换"的说法。但不管法家是怎么产生的，它都变异得相当厉害，跟其他流派迥然不同。孟子也好，墨子也好，他们都是站在社会的角度看待问题，希望大家更幸福。你认为这样对老百姓好，我认为那样对老百姓好，可出发点并无不同。法家却不一样，他们是站在君主的角度看问题——对百姓好不好并不重要，对君主好，才是真的好。

孟子和杨、墨一样，都反对战争，但是法家认为国家存在的目的就是打仗；孟子和杨、墨一样，都认为君王是为老百姓而存在的，但是法家认为老百姓是为君王活着的。这就不是具体观念的差别了，而是立场的截然不同。换句话说，他们就不在一个场域里。打个比方，这就像一群医学教授凑在一起辩论，孟教授说治这个病应该用汤药，墨教授说应该用针灸，杨教授说应该考虑一下青霉素，几位教授辩论得热火朝天，可这时忽然跳出来一个人说,治什么治?得了重病就该活埋!几位教授就不知道该说什么了。

孟子说过一些很有名的话,比如"民为贵,社稷次之,君为轻""君之视臣如土芥,则臣视君如寇仇",他还认为诛杀暴君那不叫弑君,而是"诛独夫"。后来朱元璋读《孟子》的时候,就非常生气,还说:"使此老在今日,宁得免耶!"恨不得把孟子法办了。而今天的读者看到这些话,又会称赞他具有先进思想。其实从时间意义上看,孟子的这些想法并不先进,反而相当古旧。

在贵族化的分封时代,社会结构还没有扁平化,呈现出金字塔形状。君主权力并不绝对,大家当然就会有孟子那套念头。到了春秋战国之交,古老的风气尚在,知识界默认的共识也是如此,只不过孟子性格比较爽朗激越,把话说得最直截了当而已。你把这些话拿去给墨子、杨朱看,他们肯定也会赞同的。

但是法家就不会赞同。他们要打造的是一个君尊臣卑的绝对扁平化社会。而后来的中国也确实是沿着这个方向走的。从这个角度看,他们才是得风气之先的全新事物。谁对谁错放在一边,但是法家跟孟子南辕北辙,这一点是没有疑问的。

孟子还在那里高谈阔论,说杨、墨要祸乱天下了,要带着大家吃人了,大家都要来反对杨墨呀!可是翻翻《商君书》就知道,在法家眼里,孟子这帮儒生都是一帮真正的蠹虫,应该被坚决铲除掉。据说,商鞅还要求秦孝公"燔诗书而明法令"。秦孝公到底烧没烧书，或者烧了多少书，这个还说不清，但无论如何这是一个凶险的预示——"批判的武器"很可能会变成"武器的批判"，抬杠辩论很可能会演变成杀头活埋。

四

孟子知道法家的崛起吗？应该也是知道的。孟子生活的时代比商鞅要略晚，他即便没读过商鞅的文章，至少也听说过商鞅的作为。而且秦朝也开始向东方扩张了，著名的"伊阙之战"就爆发在孟子晚年。秦国名将白起屠戮了魏、韩的二十四万大军，刷新了战争伤亡的规模。但是，这些事情并没有引起孟子的重视。他还是执拗地认为杨、墨最可恶，当务之急是把他们批倒、批臭。

其实很难搞明白孟子的这一想法，但做一番猜测的话，这里应该有争夺话语权的成分。孟子和杨、墨大致属于同一个文化圈层，活动空间也多有重叠，而商鞅跟他们就比较隔膜了。既然属于同一圈层，就牵涉到生态位的争夺。听众的注意力是有限的，喇叭在谁手里当然就格外重要。所以在历史上，异端往往显得比敌人更可恶。在气宗眼里，剑宗也比日月神教看着更让人生气。

但除此之外，还有一个更重要的原因，那就是孟子并没有重视法家那一套。梁惠王问他,怎么才能统一天下?他说,不喜欢杀人的君主才能统一天下。这倒不是孟子忽悠梁惠王,他在内心深处就是这么认为的,"民之归仁也,犹水之就下""沛然莫之能御也"。得民心者必得天下,这是无可置疑的真理。倘若他关注过法家,也只会觉得那是歪门邪道,连齐桓、晋文那样的霸术都谈不上。在孟子眼里,那套残暴嗜杀的设计违背人性,绝无成功的机会。一旦面临仁义的王者之师,它就会像阳光下的冰雪一般融化。相比之下,反而是杨朱、墨子的理论腐蚀人心,更加危险。

可一旦知道了后来的历史发展,可能会觉得孟子有点好笑。什么不喜欢杀人的君主才能统一天下,什么仁义之师必然无敌于天下,听上去宛若梦呓。秦国踩着百万尸骸,涉过没膝的血海,一路东进,完完全全是孟子理想的反面。可偏偏是它获得了最终胜利。

孟子在这方面确实有些天真,他把人心估计得太过善良,太过理性,也太过勇敢。他不知道法家是何等地擅于利用人心的黑暗和怯懦啊。也正因为这样,孟子对未来完全缺乏想象力。在历史的底牌即将翻开的时候,他还在喋喋不休地反着杨、墨,批判着兼爱是多么不近人情,薄葬是多么不孝顺,一毛不拔是多么自私,仿佛这才是天底下最迫在眉睫的危险。

结果孟子死后不过几十年,秦始皇就宣布"以吏为师",把这帮吵来吵去的家伙一网打尽。杨、墨流派固然消亡,孟子也没好到哪里去。东汉的赵岐就说,"逮至亡秦,焚灭经术,坑戮儒生,孟子徒党尽矣"。就连《孟子》这部书,也消失了很多年,直到汉朝废除"挟书律",才再次浮出水面。而如果稍有纰漏,这部书可能就会彻底消失,那样一来,孟子也会像杨朱一样,后人谁也不知道他到底"曰"过些什么了。

孟子痛骂杨、墨的时候,绝对料想不到这一步,否则他也不会说什么"能言距杨、墨者,圣人之徒也"这样的胡话。嬴政就距了杨、墨,他是圣人之徒吗?

他还烧你的书呢。

当然,孟子运气好,秦朝灭亡得快,汉朝又提倡起了儒术,孔子吃肉,孟子也跟着喝到了汤。但是法家那套尊君卑民的把戏终究渗进了社会的底色里,所以学者们才会发明"儒表法里"这个说法。在新时代里,孟子的很多话就显得过时了。比如诛杀暴君算是弑君还是"诛独夫",汉朝皇帝就已经不肯让人讨论了。至于"君之视臣如土芥,则臣视君如寇仇"也悄悄变成了"君叫臣死,臣不死不忠"。时间长了,大家反而以为这种狗一般的愚忠才是儒门正宗,真是让人从何说起。

孟子如果穿越到后来的明朝、清朝,看到士子们一面疯狂地背诵自己"曰"过的话,一面匍匐跪拜,做着种种卑屈的事情,多半会既震惊又泄气。但是他又能怎么做呢?恐怕也未必敢正面硬抗,而是会找点其他的事情干一干。杨、墨虽然没了,但还可以批佛老,批异端,批一切只会说理不会动刀的对手。后来不少儒家巨子们不就这么做的吗?

25

当然，这可能也是以小人之心度君子之腹了，也许孟子还是会刚强一如往昔，"志士不忘在沟壑，勇士不忘丧其元""虽千万人，吾往矣"。这样的人是有的呀，在我们的历史上，这样的人确实是有的呀。

尊严之剑

荆轲

一

少年时代读《史记》，读到荆轲这一段，总觉得有点匪夷所思。荆轲的出场就有点窝窝囊囊：一个叫盖聂的人和他论剑，论到后来有点翻脸了，盖聂拿眼睛瞪他，他就转身离开，于是盖聂跟别人讲，我瞪他一下，荆轲不敢在这儿待着了，肯定已溜走，不信你们去找找看。那人去找荆轲，发现他果然跑到其他地方去了。然后荆轲又碰到了鲁勾践，俩人赌博的时候有了争执，鲁勾践骂了他一句，荆轲又一声不吭地逃走了。

现在当然知道，这是司马迁拿写韩信的笔法来写他，英雄所争者大，就不在意小的屈辱。但是少年人，还是很难接受这么怂的一个剑客。

如果按照"欲扬先抑"的文章写法，荆轲最后应该表现出惊人剑术，这样读者才能明白，荆轲并非害怕盖聂和鲁勾践，而是剑法太高，反而不屑于和这些人计较。但是并没有。如果相信司马迁的记载，那荆轲刺秦王的场面，既业余又荒诞。荆轲和秦王近在咫尺，居然没能一击而中，结果秦王绕着柱子跑，荆轲拿着匕首，在后面狗撵兔子似的追。等秦王抽出宝剑来，仗着长兵器的优势，就能一下子砍翻荆轲。而荆轲用匕首投掷秦王，居然也没有投中。这个刺杀水平确实低得让人发指。

司马迁倒也没有护短，在结尾的时候，他借用鲁勾践的嘴评价说："嗟呼！惜哉其不讲于刺剑之术也！"后来陶渊明在《咏荆轲》里也说："惜哉剑术疏，奇功遂不成。"可见大家都认定了荆轲作为刺客，专业水平是很"疏"的。一直到清朝，戴移孝作诗"万古刀镮赤手磨，休将剑术责荆轲"，表面上做宽大之词，让大家不要指责荆轲，但言下之意还是说他剑术不行。

荆轲剑术不行，难道燕太子丹对此一无所知吗？他怎么会把这么大的事交托给一个二把刀？当然，也可以说荆轲的剑术也许中看不中用，糊弄住了燕太子丹。或者，剑术高的人没有刺秦的勇气，燕太子丹只好矬子里面拔大个。但怎么解释都有些勉强。

除此之外，整个故事还有很多疑点：刺秦这种事情何等机密，荆轲临行前，燕太子丹怎么会组织宾客白衣白帽般去送行？荆轲追杀秦王时，殿上大臣没有兵刃，"乃以手共搏之"，这么多人"共搏"，怎么会连一时半刻的功夫都阻挡不住？荆轲的匕首淬有剧毒，那些徒手搏斗的人又怎么会一个都没死？

关于荆轲的记载主要来自三本书：《史记》《战国策》《燕丹子》。《燕丹子》属于小说性质，荒唐怪诞，只能置而不论。而《战国策》里荆轲那部分和《史记》几乎一模一样，连文字都雷同。根据考证，多半是后人抄袭《史记》，强行掺入《战国策》里的。这么说来，荆轲刺秦的故事完全出自司马迁一人之口，但太史公又天生好奇，所以，这个事件本身虽然存在，细节却未必可靠。

不过司马迁写得确实精彩，尤其是易水河边送别一幕。一群人穿着白衣白冠给荆轲送行，高渐离击起了筑，荆轲随着筑声歌唱道："风萧萧兮易水寒，壮士一去兮不复还！"众人泣下。这是何等的意境。都说事实胜于雄辩，其实故事的力量往往比真实历史更强大。荆轲到底如何刺的秦，现在已经无法复原，但是司马迁塑造出来的这个形象却非常重要。它牢牢印入后人的脑海里，突兀而醒目，成为观念史的一部分。

总的来说，人们对这个形象是赞叹的。翻翻历朝历代的集子，咏唱荆轲的诗词特别多，最有名的当属辛弃疾的《贺新郎》："易水萧萧西风冷，满座衣冠似雪。正壮士、悲歌未彻。"确实很动人。明末烈士夏完淳有一首《易水歌》，也给人留下了特别深的印象，"……袖中宝刀霜华重，此事千秋竟成梦。十三杀人徒尔为，百二河山俨不动。呜呼，荆卿磊落殊不伦，渐离慷慨得其真。长安无限屠刀肆，独有吹箫击筑人。"前面几句倒也罢了，最后一句真是让人悲凉无限。

到底是什么打动了这些人，是勇敢吗？是，但也不全是。在这个故事里，真正重要的还是"刺秦"二字。这两个字里隐藏着一种魔力，两千多年来一直激发着人们的想象，驱使他们无休止地回顾荆轲的故事。

荆轲的剑术到底如何，并不重要；荆轲刺杀秦王的个人动机是什么，也不重要；荆轲的故事有几分真实，几分杜撰，也不重要。重要的是这个形象——荆轲已经成了一个历史的象征符号。

二

秦始皇也是一个象征符号。或者说，他是荆轲的镜像。如何看待荆轲，本质上取决于如何看待秦始皇；而如何看待秦始皇，本质上取决于如何看待历史。

关于秦始皇的争议，很少是纯学术性的。当然，学者们也在不断研究关于秦始皇的史实，连考据带考古，这些工作一直有人在做。但是，这些学术讨论很少进入争议的中心。大家谈起秦始皇来，总是会有情感投射，而他们的情感投射并非针对秦始皇这个具体的历史人物，而是针对他所象征的东西。从这个角度看，秦始皇有点像是社会观念的试纸。

古代读书人大多讨厌秦始皇，提出的主要理由是他过于残暴，把社会资源榨取到了极限。当然，历史上残暴君主很多，但是秦始皇与众不同。他不像传说中的桀、纣，或者后世的高洋、杨广，暴虐里透着享乐和荒唐的气息。秦始皇的残暴是精心算计的结果，背后有一套法家的理论做支撑。可以说，他的残暴不是个人化，而是抽象化的。也正因为这样，他才成了最理想的靶子。

儒生们讨厌秦始皇，自然也就欣赏荆轲。但是，在这种欣赏里，似乎总还有一种不便说出口的潜在心理。秦汉以后，读书人越来越被权力吓倒，越往后，吓得越厉害。比如以前儒生喜欢谈"汤武革命"，说起"诛独夫"来兴高采烈，到了汉朝就不大敢谈了，汉景帝有言："食肉不食马肝，不为不知味；言学者，无言汤武受命，不为愚。"到了清朝，更有王珣这样的老儒生，说"汤武革命""尧舜禅位"都是不对的，皇上做得再不对，他的皇位，做臣子的就是断头也不该受的！

读书人听到这样的说法，多数还是会觉得不舒服。儒家虽然讲究忠君，尊重秩序，但是终究不像法家那样完全站在权势者的角度看待天下。哪怕是被驯化后的儒家，也没有彻底丢掉批判的精神。见到过于强横的权力，他们潜意识恐怕还会反抗一下，盼着有人治一治暴君。只是这种话不便明白地诉诸笔墨，歌颂荆轲多少就有点宣泄情绪的意思。好在按儒家的传统，秦始皇是暴君典型，怎么斥骂都行，所以赞美一下荆轲，在政治上倒也不算危险。

但也有不喜欢荆轲的。比如柳宗元写过一首《咏荆轲》，虽然格调也慷慨激昂，跟其他人写的也差不多，但是他最后的结论是荆轲"勇且愚",一个勇敢的蠢货。为什么这么说呢?柳宗元在诗里举出的理由是,荆轲没有正确估计嬴政,犯了战术性错误。但是,更重要的原因,恐怕还是柳宗元支持秦始皇。

秦始皇和荆轲就像硬币的两面,挺秦始皇就不会挺荆轲。

柳宗元挺秦始皇,是因为他觉得秦始皇站在了正确的道路上。用现在的话说,就是代表了历史车轮前进的方向。荆轲刺杀先进力量的代表,非愚而何?

说到这里,就要多说两句古今观念的差异。

现代人提到秦始皇的功绩,大都说他统一了中国,而且这种统一和赵匡胤的结束"五代十国"不同,和隋文帝结束南北朝也不同,有点开天辟地的意思。但是古代人很少这么认为。在他们眼里,夏、商、周早已是统一的王朝,"普天之下,莫非王土;率土之滨,莫非王臣",哪里需要秦始皇来开创统一?现代史学当然很难接受这种看法,但古人的认知就是如此。所以,以他们的眼光来看的话,秦始皇的统一,和隋文帝、赵匡胤他们,也没什么本质区别。要是有不一样的地方,主要就是秦始皇用郡县制取代了封建制。这两种制度哪个更好,历代聚讼不休,从汉朝一直争论到清朝。

柳宗元还写过一篇《封建论》,论证郡县制的优越性。苏东坡称赞这篇文章:"宗元之论出,而诸子之论废矣,虽圣人复起,不能易也。"但是现代人读这篇文章的话,恐怕不会有这么高的评价,甚至会觉得其中的逻辑颇为幼稚。

比如柳宗元举出了一个理由：如果实行郡县制，地方上出现了一个坏官员，上一道圣旨就能把他罢免。可如果实行"分国土、建诸侯"的封建制，皇上没有随意罢免权，老百姓万一摊上坏诸侯，岂不是要受苦？有人称赞这话逻辑严密，其实经不起推敲。上有好天子，下有坏诸侯，恩泽无法下布，老百姓要受苦；可如果上有坏天子，下有好诸侯，暴政受到阻遏，老百姓岂不是占了便宜？到底是摊上坏诸侯的比例高，还是摊上坏天子的比例高，柳宗元可并没有做出论证。

当然，古人没有今天的思想资源，逻辑推演也不是柳宗元的强项，不好苛责。但是苏东坡所说"虽圣人复起，不能易也"，确实是夸大其词，因为到了明清交际的时候，又有过一次封建制的大讨论。

在这次讨论中，王夫之、顾炎武、黄宗羲都发现了柳宗元的逻辑漏洞，认为"上有坏天子"的风险也不可不防，而且即便天子不坏，以一人之智虑操控全国，也有极大弊端。当然，他们也承认封建制有封建制的问题，"封建之失，其专在下，郡县之失，其专在上"，要想全盘恢复封建制，太不现实。所以他们想做个折中调和，"寓封建之意于郡县之中"。这批文化精英如此持论，并不是在书斋里忽发奇想，而是目睹明朝的衰败乃至灭亡，受到强烈刺激，认准了这条路有绝大的问题。当然，他们开出的调和方案未必行得通。但是，意识到问题，总比没有意识到要好。

柳宗元跟顾炎武他们不一样。他生活的时代，恰逢藩镇割据。柳宗元就觉得这有点像传说中的封建制，或者说，封建制一旦失控就会是这个样子。那种乱象让他触目惊心，所以写《封建论》也是有感而发。要说起来，人都是时代环境的产物，看问题的时候总是以自己的经验出发。可是用一个时代的经验去总结普遍的道理，就很容易失衡。就像在水边碰到鳄鱼，就会幻想搬到山上必定安全，却不知道山上可能还有老虎。

这是人们普遍的心理弱点，顾炎武他们是研精覃思的学者，多少有些超越特定时空的反省本能。他们虽然切身感受到了郡县制的问题，但知道封建制也是一大堆毛病。而柳宗元骨子里还是文人，这种反省能力是有欠缺的，所以他才会在《封建论》里洋洋洒洒，充满了一厢情愿的乐观，看上去文势奔涌，实际上却有诸多漏洞。

柳宗元对郡县制充满热情，稍带着对秦始皇的功绩也大为赞赏，"其为制，公之大者也"。他说秦始皇虽然出于自私的动机，但是做了天大的好事，"公天下之端自秦始"。既然秦始皇站在了历史车轮的制高点，荆轲妄图刺杀他，当然就是个勇敢的蠢货了。

三

站在历史制高点上批评荆轲，这种想法其实也一直就有。

比如张艺谋的电影《英雄》不就是这样吗？刺客无名要去刺杀秦王，残剑在他面前写了"天下"二字，无名就改变了主意。他不但不杀秦王，反而自愿被秦王反杀，因为刺客不被杀，就不能维护法律的尊严。

但是"天下"这个词真的很难说。大家都喜欢替天下人发言，可天下人到底怎么想的呢？如果回到历史现场的话，就发现当时的人们未必赞成秦始皇。六国对秦国充满仇恨，抵抗过程相当惨烈。而当秦朝崩塌的时候，又是一片狂欢式的报复，见不到丝毫的惋惜，这恐怕不能都推到"妄图复辟的六国残余贵族"头上。

历史学家说秦国结束了战国时期的血腥战争。可是对于当时人们来说，列国间的战争当然很血腥恐怖，可这些战争大半都是秦国发动的。从《史记·六国年表》的记载看，其他六国加在一起，发动了36场战役，而秦国一个国家就发动了93场战役。光是根据有数字记录的战役看，秦国就斩首了差不多180万人。

当然，人们也许会说，这是以暴制暴式的不得已。铲平六国，结束战乱后，情况不就好了吗？可也并非如此。按照葛剑雄《中国人口史》的说法，战国中期人口达到巅峰，接近4500万，经过秦国发动的一系列战争，到了六国被灭的时候，人口差不多是4000万。而且秦朝建立后，没有内部战争了，可人口居然继续下降，到秦始皇去世时，人口又减少了几百万。其中的原因，葛剑雄先生是这么解释的，从公元前221年开始，秦始皇又不断征发徭役，筑长城、开驰道、修阿房宫、骊山陵墓、征南越和四处巡游，动辄耗费数十万人力，除此之外，还要加上超大规模的人口强制迁徙。人口减少的具体数字有推测的成分，但是大趋势应该是不差的。

更恐怖的还在后面。秦朝摧毁了六国的社会组织，所以等它崩溃后，出现了权力真空，社会随之解体，结果尸骸如山，白骨遍野，人口急剧下降。大约有4000万人看到了秦始皇称帝，可只有不到2000万人撑过了秦朝的灭亡。剑客无名如果知道这一切，看到"天下"二字时，还会放弃刺杀秦王吗？

无名也许还可以找别的解释。在短期内看，秦王固然暴虐了些，但是他做的事情利在千秋。一代人、两代人看不出其中的好处，可要是把目光放长远些，就会知道他终究站在了历史的制高点。既然这样，百姓们的不满只能说是鼠目寸光。就像柳宗元所说，"其为制，公之大者也"，老百姓不能太自私，舍不得累，舍不得死。都这样不识大体，怎么能完成宏图远略呢？西方也有谚语说了，不打碎鸡蛋就做不成蛋卷——谁让你是鸡蛋呢？

孟姜女当然是杜撰的故事，但如果真有孟姜女，这些聪明人可能也会劝她节哀：皇上攻城杀人，是为了咱们天下太平；皇上修长城，是为了咱们安居乐业；皇上修骊山宫，是为了咱们国威弘扬。你为什么不能站在皇上的角度思考一下呢？我们不清楚古人的心思，但私下揣度起来，也许是有的吧？

被秦始皇"坑"的那些"儒"里，说不定就有生前这么劝过人的。

但是这种劝说能够成立吗？

至少是很可疑的。

秦王心中有理想，身下有历史的车轮，可老百姓只有一副血肉之躯。如果总让他们为车轮上的秦王考虑，那么谁来替他们考虑那一身血肉呢？如果总让他们去考虑天下大大的未来，那么谁来替他们考虑那份小小的自我呢？面对秦王，软弱者只有一副眼泪，强梁者只有一把剑。如果连这些都夺去，那天下真成了一片无言的荒野，任由一副历史的大车轮东碾西压。

但车轮的方向如何，谁又能真的知晓呢？

一件残暴的事情会发生积极的后果，这当然是可能的。打个比方，一百多年前如果奥地利有个枪手，一枪干掉了某个小朋友，这当然是让人发指的残暴事情。但如果这个奥地利小朋友名叫希特勒呢？那确实会产生积极的后果。但问题在于，谁能够开启这样的一个上帝之眼？牵涉到历史趋势的时候，事情就更难讲了。秦始皇对历史的影响是好是坏，从古代一直争到现在，恐怕以后还会继续争论下去。你让两千多年前的老百姓又该如何判断呢？

历史之网，凡人难以看透；未来之路，凡人更难以参详。开启上帝之眼是一种妄念。其实未来到底什么样，没有人能真正看得清。荆轲看不清，秦始皇同样看不清，不然他也不会幻想秦朝能传到千世万世。

既然这样，不如守住最平凡的感情，最普通的道德。眼前这件残暴的事会不会引发积极后果？无法断定，那么就认定残暴是不对的；被枪杀的这个小朋友会不会成长为历史的恶魔？也无法断定，那么就认定枪杀小朋友是不对的。

人之为人，就该有这样平凡的情感。

被欺压了就恨。

亲人死了就哭。

而愤怒到了一定程度，就带着匕首去咸阳。

这样可能会犯错，就像秦始皇的车轮也可能会犯错一样。但是错也好，对也好，这样做的人终究是有血有肉的大活人。哪怕剖开他们的心，也能看到飚出的热血。这样的人多了，堕落也有个底线，即便犯错终究也不会一败涂地。

陈凯歌也拍过一部《荆轲刺秦王》，里面的秦王有着最了不起的理想："我要建立一个更大的国家。天下的人都是这个国家的百姓，这个国家的君王在六国灭亡的时候，要救出那里的百姓。我要修筑长城，让遍地长满禾黍，让天下的百姓安居乐业……"面对这份理想，张艺谋的"英雄"不免迟疑，但陈凯歌则让荆轲不管不顾，一剑刺去，而秦王绕着柱子，像条狗一样地逃。

历史上的"荆轲刺秦"真是这样吗？恐怕也未必。

就像前面说过的，真相如何已经很难还原。但是经过时间的层层积淀，秦王和荆轲都已经被成为历史符号。千百年来这么多诗人写诗凭吊荆轲，不为别的，只是为了吟唱那把刺秦的匕首——在某种程度上，它是个人尊严的象征。

面对庞大之物，它闪耀着寒光，毫无畏惧。

站在新时代的门槛前 ——司马迁

一

"二十四史"的第一部就是《史记》。中国正史的纪传体写法，也是从它开的头。如果没有《史记》，那么正史修撰者也许会延续《春秋》的编年体，大家现在看到的"二十四史"，就很可能会是一部部类似李焘《续资治通鉴长编》那样的东西。这两种写法各有利弊。纪传体搞不好的话，容易像是人事局的干部档案袋；编年体搞不好的话，容易像是报社的新闻合订本。不过，要论起史料丰富性，似乎还是纪传体的存纳空间更大一些。

在中国史学传统里，司马迁是个奠基性人物，后来的史学家几乎都活在他的影响里。但是，真要拿司马迁和那些人做比较的话，就会发现他是独特的，跟谁都不一样。这倒不是说司马迁写得最好，所以与众不同。真正的差异不是才华，也不是能力，而是他们压根就不是一类人，兴趣点也不在一个频道上。

后来的史家都延续了《史记》的体例，但是在精神上，他们遵循的其实是班固路线，关注的是这类问题——比如一个大臣是忠还是奸？一个皇帝是明还是昏？一个社会是治还是乱？一项政策是好还是坏？从《汉书》到《清史稿》，差不多都被同一套话语体系笼罩着。

可司马迁不一样。这有点像伯林（Isaiah Berlin）说的"狐狸和刺猬"的区分。班固他们是刺猬，心中只有一个大念头；而司马迁就是一个狐狸，对各种念头都感兴趣。他给任安写过一封很有名的信，里面就说自己的志向是"究天人之际，通古今之变，成一家之言"。这就说得很大，也很笼统。什么是"究天人之际"？搞不太清楚。不光我们搞不清楚，就算司马迁自己也未必能搞得清。它有种无边无沿的感觉，这也难怪，司马迁的兴趣本身就是无边无沿的。所以人们读《史记》的时候，往往也想不到什么以史为鉴，只觉得千流万壑，尽奔眼底，有种仰俯天地、浩瀚苍茫的感觉。

不过，兴趣太宽泛了，就容易管不住自己。古人说"太史公好奇"，就是指他缺乏自制，太过偏好新奇之物。袁枚的评价则更露骨，他说司马迁这个人，有时候明知道某个事儿是假的，但是"贪于所闻新异"，所以照写不误，态度很不老实。这话也许有点苛刻，但并非毫无根据，司马迁确实有这个毛病。

就拿"赵氏孤儿"的故事来说，漏洞百出，绝非事实。屠岸贾这个大反派更是子虚乌有。但是这个故事实在太动人了，司马迁舍不得放弃，就把它收入了《赵世家》里。史学家很快就发现这个故事有问题，唐人孔颖达对此评论，"马迁妄说，不可从也"。那么，司马迁本人知道这是"妄说"吗？多半也知道。所以他一边在《赵世家》里收入"赵氏孤儿"的传奇，一边又在《晋世家》里老老实实记下另一个朴实无华的版本。

在《史记》里，这样的例子还有很多。比如田单大摆火牛阵，"得千余牛，为绛缯衣，画以五彩龙文，束兵刃于其角，而灌脂束苇于尾，烧其端"，大败燕军。清代的袁俊德就指出，这蕞尔小城，又被围了三年，哪里还有这许多牛？肯定是编的。可是老实人读了以后就会上当，宋朝有个将军邵青，读了《史记》以后就想照抄"火牛阵"，结果敌人拿弓箭一通射，群牛乱奔，把自己的队伍倒冲垮了。

《史记》里关于韩信的事迹也很可疑。司马迁说韩信用砂囊堵水，等敌人过河过到一半时，撤去砂囊放水，淹死敌人无数。对此，曾国藩就不相信：砂囊堆成堤堰，绝不可能忽堵忽决。至于什么韩信大军"木罂渡军"，更是无稽之谈，我亲自到那段黄河看过，哪里是木罂就能渡过去的？

司马迁性格就是如此，喜欢张扬阔大的人性，喜欢尖锐的戏剧冲突，喜欢种种不可思议的决绝。这让他的文字有了双重色彩，一方面不免令人心生疑窦，一方面又不由自主地被打动。鲁迅说《史记》是"史家之绝唱，无韵之《离骚》"，但又说它"不拘于史法，不囿于字句"，这种评价里，就隐隐有点可疑又可爱的意思。但无论如何,《史记》确实有强大的魅力,其中有些章节简直就像是散文版的古希腊悲剧,悲怆而迷人。那些文字中弥漫着一种强大的精神力量,就像绝域中一座突兀的山,尘世中一柄冷冷的剑。后来的中国也出了很多史学大家,但是再没有人能写出这样的文字。

《史记》成为"绝唱",并非全是因为天才不可复制,主要还是时代变了。无论是司马迁,还是司马迁笔下的那些人物,都不属于新的时代。

新时代里,没有他们的位置。

二

《史记》里的人物往往显得很怪异,难以捉摸。比如说,他们往往有种果敢刚烈的精神。但是,这跟勇敢无畏还不一样。后世也有勇敢的人,但他们做起事来,不会是那个样子。

可以先看看《田儋列传》。

田儋有个堂弟叫田横。楚汉相争的时候,田横做过齐国的王,和刘邦打仗。后来齐国被灭掉了,刘邦建立了汉朝。田横怎么办呢?他四处流亡了一阵子,最后带着五百个手下逃入大海,住在了一个荒岛上。

刘邦听说了,就派人召见田横,"田横来,大者王,小者乃候耳;不来,且举兵加诛杀焉"。田横没有办法,就带着两个门客离开小岛，朝见刘邦。到了距离首都三十里的地方，田横不走了。他对两个门客说，以前我和刘邦平起平坐，现在他是天子，我是逃亡的犯人，要去朝拜他，这太耻辱了，既然刘邦想见我，无非是想看看我长什么样，现在我们离首都只有三十里，你们砍下我的头，带给他看吧。

说完他就自杀了。

两个门客就把田横的脑袋带给刘邦看。刘邦做事倒也很大度，他用王者的礼仪给田横下葬，还封两个门客为都尉。可是这两个门客偏偏不肯苟活，他们来到田横墓前，也自杀了。

刘邦听说这件事以后很吃惊，派人到海岛上召唤田横的门客。可使者到岛上一看，发现这些人已经全都自杀了。

这件事非常壮烈，但这种壮烈不同于"勇敢""不怕死"。后来的中国也有很多勇士，有的奋猛杀敌，战死到最后一人；有的被俘后拒不投降，慷慨赴死。就像三国时代的诸葛诞，他手下的几百名亲兵被敌人俘虏，却没有一个人投降，"为诸葛公死，不恨！"最后全被杀掉。对这种勇敢，现代人大致是可以理解的，因为这牵涉到道德抉择——人被逼到了道德绝境中，没办法，只能选择死亡来解决这个问题。

但是田横手下的五百壮士呢？

他们一听田横的死信，就在海岛集体自杀。这在后人看来，虽然也值得赞美，但多少显得有点突兀，不好解释。那么这事情到底靠谱不靠谱？虽然司马迁确实有好奇的嫌疑，但这件事未必是向壁虚造，多少还是有点影子的。因为在先秦时代的著作里，其实也能发现很多这种酷烈而古怪的自杀事件。

卫国的臧坚被俘，齐国国君派人去慰问他，臧坚一看来的人是个太监，觉得受了侮辱，自杀了；吴王阖闾吃鱼吃到一半，觉得味道不错，让人送给他女儿，他女儿一看是剩鱼，觉得受了侮辱，自杀了；再比如《左传》里的狼瞫，他本是晋国中军的车右，后来被革去了这个职位，狼瞫当然很生气，他的朋友来安慰他，说："盍死之？"意思就是："你怎么不去死呢？"好像这是一个头脑正常人能提出的合理建议似的。

这些故事里的具体情节也许有所夸张，但是整体的怪异气氛是编不出来的。在这样的大背景下，再看岛上五百人的自杀事件，就会觉得完全有可能。那个时候的人就是这么古怪，死起来随随便便，难以解释。

《史记》里有一些死亡事件，甚至比岛上的集体自杀更难解释。可以再看看《魏公子列传》。

信陵君窃虎符、杀晋鄙、夺兵救赵，大家小时候在课文里都学过。在这个故事里，有一个核心人物叫侯嬴。他是大梁城的看门小吏，在幕后策划了整起事件。击杀晋鄙的壮士朱亥，也是他推荐给信陵君的。信陵君带着朱亥出发的时候，侯嬴说，"臣宜从，老不能。请数公子行日，以至晋鄙军之日，北乡自刭，以送公子。"到时候他真的抹脖子自杀了。

这种自杀很有冲击力。但到底是为了什么？侯嬴没有面临任何道德困境，他自杀对事情也没有任何帮助。他就是那么随意地死掉了。

后人读到侯嬴自杀的时候很感动，但他们并不真正理解这件事。不光现代人不能理解，稍近些的古代人也不能理解。比如明朝的李贽就赞美侯嬴，"情知不是信陵客，刎颈迎风一送之"。可侯嬴为什么要迎风刎颈呢？李贽想来想去，找出一个理由：侯嬴自杀是为了激励朱亥——看看，我命都不要了，你还不好好干？

这当然是胡说，侯嬴根本就没必要这么激励朱亥。李贽之所以这么写，是因为在他那个时代，大家已经不能理解侯嬴的动机了。在李贽生活的时代，烈士自杀当然很崇高，但是这种崇高需要一个合乎逻辑的理由。不管是伦理道德上的理由，还是现实功利上的理由，总之得有个理由。但在侯嬴身上，李贽实在看不出这个理由来。他就只能替侯嬴编一个出来。

其实无论是田横手下的五百壮士，还是侯嬴，他们自杀都不需要合乎逻辑的理由。因为他们是在做一种戏剧表演，或者说一种祭祀，而祭品就是自己的生命。

说到这里，倒让人想起了另一个时空的事件。

大家都知道巴厘岛是一个旅游胜地，又美丽又安适，可是在1906年，这里发生过一起非常可怕的惨剧。当时，荷兰军队开进了巴厘岛首都登巴萨，直逼王宫，要求国王承认荷兰的宗主权。就在这个时候，从王宫里涌出一支上千人的游行队伍，领头的是巴厘王，跟在后面的是众多僧侣和贵族，都佩戴着珠宝，穿着白色的衣服。荷兰军队以为他们是来谈判的，可是这些人却在大约还有100米远的地方停了下来。

然后，他们开始有条不紊地自杀。

头一个死掉的就是巴厘王。紧接着，一个又一个人倒下了。他们就这样当着荷兰人的面，把自己屠戮一空。在巴厘岛，这种集体自杀倒不是只针对殖民者，它被称为"普普坦"（Puputan），是有传统渊源的。

荷兰军队从没见过这样的事情，相当吃惊。事情传到欧洲以后，欧洲人也都非常震惊，觉得难以理解。换成今天的人们，恐怕也同样难以理解。如果这些人扑向侵略者，战斗到最后一人，我们会理解、会尊敬。可是如此惨烈的集体自杀？这确实超出现代人的想象空间。

但是，荒岛上的五百壮士，也许能够理解这些巴厘岛的人。

这种行为是勇敢的，也是质拙的。在一个成熟而世故的文明里，人们会权衡得失，会臧否道德，会寻觅逻辑，就像李贽所做的那样。他们当然可以勇敢，但不会如此质拙的勇敢。

只有当文明还处于青春期的时候，那种躁动的力量才会驱使人们用自己的血去充当戏剧中的道具，充当祭祀中的祭品。这些勇敢而质拙的人，用生命去表达鄙视，表达愤怒，表达忠诚。

不是为了成就什么，只是表达。

司马迁还能在精神上触碰这种奇异的勇气，后来的作者们都渐渐丧失了这种能力。这不是因为他们愚笨，而是因为时代变迁造成了巨大的隔膜。

三

《史记》里面，人们的勇气往往还有另一种维度，那就是恣肆。

在先秦时代，大一统帝国没有成型。人们有很多观念，却没有统一的标准。在人世间，尚无一种可以笼罩天地，让人们无处可遁的话语体系。权力的话语、公域的话语、道德的话语虽然都存在，但还不够强壮，没有彻底压倒民间的话语、私域的话语、血性的话语。

这可以拿《伍子胥列传》做例子。

当时的楚国和吴国是截然不同的两个国家。楚平王杀掉了伍子胥的父兄，这当然是楚王对不住他。可是伍子胥为了私人恩怨背叛父母之邦，带着吴国军队攻陷楚国。用后世的道德标准来看，这么做很容易招致诟病。

可司马迁完全不认为伍子胥有什么错，他说伍子胥是"名垂于后世"的烈丈夫。至于带异国军队攻打楚国，司马迁不觉得有什么问题。其实不光司马迁觉得没问题，当时的知识分子都觉得没问题。因为在那个时候，国家还没有压倒个人，君主还没有压倒家族，复仇的火焰可以毫无顾忌地快意燃烧。

《刺客列传》传达出来的观念更有意思。

当然，也有人说《刺客列传》可能不是司马迁写的，而是他父亲司马谈写的，这里也不必深究。总之，这篇文章一共写了五个刺客：曹沫、专诸、豫让、聂政、荆轲，其中争议最大的是聂政。后世的不少文人都觉得聂政这个人很有问题，比如明代的黄洪宪就骂得很厉害，他说司马迁写的那五个刺客里，专诸很低下，而聂政最低下。严仲子送给聂政一百金，他就把自己的命许给人家。其实严仲子和侠累也没有什么原则性的君父之仇，不过是争权夺利的私人恩怨而已，聂政无谓地卷进去，为此毁容、杀身，他这是勇敢吗？他这是正义吗？这跟猪羊卖肉有什么区别？!

这就把聂政说得形同猪狗了。

这种评价是不是太过分了？那就先来看一看聂政的故事。

当时韩国有一场政治斗争。大臣严仲子和丞相侠累有矛盾，害怕侠累害自己，想抢先一步，雇凶杀人。聂政是个齐国的屠夫，大家都说他很厉害，严仲子就找到了他的头上。

严仲子跑到齐国，恭恭敬敬上门拜访，还"奉黄金百溢，前为聂政母寿"。当然，所谓"为聂政母寿"，就是一种说话技巧：钱不是给你的，是给咱妈的！其实就是送给聂政的。聂政觉得不能无缘无故拿这么多钱，不肯接受。

严仲子就实话实说了，我有仇人。

聂政回答，我母亲还在，所以我不能以身许人。他把这些金子退回去了。

过了一阵，聂政母亲死了。他去找严仲子，说，现在可以了。

然后他就一个人仗剑而行，到了韩国。他的刺杀方法极其简单利落，不用化妆，也不用献图。他直接找到相府，二话不说就杀进去，一直杀进大堂。侠累正在那儿坐着，聂政上去就把他刺死了，周围的卫士也被他杀了好几十个。这种武功确实高得不可思议。

最后，聂政怕被认出后连累自己的家人，就把自己毁容，挖出眼睛，然后剖腹自杀。

故事至此完结。

那么这里就有一个关键问题：聂政为什么要替严仲子杀人？

聂政自己是这么说的："政乃市井之人，鼓刀以屠；而严仲子乃诸侯之卿相也，不远千里，枉车骑而交臣。臣之所以待之，至浅鲜矣，未有大功可以称者，而严仲子奉百金为亲寿，我虽不受，然是者徒深知政也。"翻译过来，大致就是说：严仲子身为贵族，我是个屠夫，人家这么谦卑地跟我结交，我要报答他，替他杀人！

在后人看来，这个理由实在不够充分。

可以拿另一个故事跟聂政对比一下。《聊斋志异》里有一篇《田七郎》，讲的是勇士田七郎感激于武承休的知遇之恩，替他杀人报仇的故事，情节和"聂政传"颇为相似之处，很可能是受了《刺客列传》的启发。但《田七郎》在叙事上有个很大的不同，它用很大篇幅交代报仇的背景，渲染武承休如何含冤受屈，他的对头甚至还利用手中的权势，把武承休的叔叔活活打死，完全是邪恶的化身。蒲松龄这么写，就是要强调一件事，田七郎替他报仇是道德的，是正义的。可司马迁倒好，他对严仲子和侠累的恩怨，甚至都懒得交代。

谁对谁错,根本就没关系。

在《刺客列传》里,聂政的态度很简单:你对我好,我就替你杀人报仇!其他的跟我无关。这多少有点像后来黑社会的作风,所以也难怪黄洪宪瞧不上聂政。现代人的价值观,更接近于黄洪宪,而不是聂政。文明已经驯化了黄洪宪,也驯化了我们。可是在《刺客列传》的世界里,人们还没有被驯化,在聂政看来,个人之间的"情义"比什么都重要。"情义"就是最大的正义。你对我好,那么我就用生命来报答你,至于你的是非曲直,道德与否,那不是我考虑的事情。

这种"情义"曾深深打动了司马迁,但是到了蒲松龄的笔下,"情义"就必须由道德伦理来包裹,否则就是让人不齿的"蛮勇"。

不过,《刺客列传》里的"情义"并不平等。刺客们坚信人与人之间有等级,有高低贵贱。面对高位者表现出的"情义",低位者要用更多的"情义"来回报,其分量的多寡几乎不成比例。

聂政去杀人的理由就是:人家身为公卿,对我这个屠夫如此客气。可如果严仲子是隔壁的另一个屠夫,客客气气地求上门来,那聂政多半是不会答应的;《魏公子列传》里的侯嬴也是如此:人家是魏国公子,居然对我这个看大门的老头如此恭敬,我怎么能不感动?怎么能不为人家自杀?

我们对这种想法可能有点无法接受,但这就是社会结构的反映。先秦时代的社会在某些方面虽然比较宽松,但是绝不平等。它是一个金字塔结构,就像《左传》里说的,"天有十日,人有十等……故王臣公,公臣大夫,大夫臣士,士臣皂,皂臣舆,舆臣隶,隶臣僚,僚臣仆,仆臣台……"人们的身份等级有严格的界定。后来,大一统帝国兴起,很大程度上碾平了这座金字塔。所有人都变成了帝王的绝对臣民,身份等级的观念反而有所削弱。

不过,这种金字塔有点像托克维尔说的"贵族化社会",多少给自由留下一点点罅隙。所以,侯嬴、聂政这些人虽然认可等级,但也拥有独立人格——我可以对你忠诚,可以为你舍弃生命,可这不是无条件的,而是要用你的"情义"来交换的。这种交换不是等价的,信陵君、严仲子他们谦恭一下,侯嬴、聂政就要拿命去换,双方付出完全不对等。但不等价的交换,毕竟还是交换,交换就意味着某种精神上的独立,而奴隶是无法和主人做交换的。

孟子说:"君之视臣如手足,则臣视君如腹心;君之视臣如犬马,则臣视君如国人;君之视臣如土芥,则臣视君如寇仇。"这并不是他个人的思想,而是贵族时代的普遍精神。当时,人们还没有被绝对的权力所笼罩,还拥有讨价还价的权利。而随着大一统帝国的出现,这种权利也被淹没了。忠诚和服从再也不需要条件。

前面说到了伍子胥的故事,那么不妨再看看李陵的故事。

李陵的战败被俘并不是自己的过错,可他的老母因此被杀掉,妻子儿女被斩尽诛绝。司马迁替他说了几句辩解的话,也因此被处以腐刑。如果按照伍子胥故事的逻辑，李陵当然有权向汉武帝报复，先秦时代的人无疑都会这么想。可是时代不同了，汉朝人并不认为李陵有这个资格。

在《答苏武书》里，李陵最多也只能抱怨几句"陵虽孤恩，汉亦负德"，这已是当时道德所能容忍的极限了。就算这样，更多的时候李陵还是哀叹"命也如何"。

当然，《答苏武书》多半是篇伪作，但是它准确地反映了当时人们的观念。匿名作者为李陵辩白喊冤，也只能把话说到这个程度。再往下说，自己可能都会觉得有悖天理。

从伍子胥到李陵，哪种观念是正确的？不好评价。但是从这种演变里，存在一种明显的感觉——就是人们从"相对的时代"渐渐走向了"绝对的时代"。

四

司马迁活在两个时代的交替之际。在理智上，他拥护大汉帝国，认为它带来了秩序和繁荣；但是在情感上，他更偏爱旧时代的精神。他喜欢那种张扬，那种独立，那种自由。而在他之后的史家，对旧时代的精神越来越隔膜，也越来越不接受。

班固就很不喜欢那种张扬肆意的劲头。他评价司马迁的时候，一面推崇他的才华，一面对他进行价值观上的贬斥，说他"是非颇缪于圣人"。那么他写的《汉书》又是什么样子呢？

郑樵在《通志》里把班固骂得一钱不值，说拿他和司马迁比，就像拿猪去和龙比一样。这当然是骂大街式的偏激，不可置信。其实《汉书》写得端严谨饬，文字硬朗干练，别有一种好法。打个不太恰当的比喻，《汉书》之于《史记》，有点像修昔底德之于希罗多德，前者脑子里只有雅典和斯巴达的兴衰，后者脑子里却装着整个已知世界。

当然，凡事有利就有弊，兴趣窄了，固然呆板但容易聚焦；兴趣泛了，固然灵动但也容易散漫，有时候确实很难两全。

把文字风格放在一边，单说观念，《史记》和《汉书》也迥然不同。比如司马迁写过《游侠列传》。不过他所说的"游侠"，不是郭靖、萧峰那种侠客，而更像上海滩的杜月笙。这些"游侠"在民间拥有巨大的影响力，对公权力有一种隐隐的对抗。司马迁对此很欣赏，称赞他们言必行，行必果，诺必诚，感慨道："侠客之义又曷可少哉！"

可班固就很厌恶这些人物。

他也写了一篇《游侠传》，批评里面的有些人表面仁慈谦逊，其实内心恶毒嗜杀。班固的看法可能更接近于真相，倒是司马迁把"游侠"给浪漫化了。但是班固讨厌游侠们，倒不是因为他们人品有问题，而是在价值观上就拒斥他们。他说这些人"背公死党之议成，守职奉上之义废"，不守老百姓的本分；而且最可恶的是，他们"以匹夫之细，窃杀生之权"，所以罪不容诛。

对照这两篇"游侠",就能看到主流观念的变迁,看到帝国时代的降临。所以,从这个角度看,《史记》既是对新时代的预示,也是对旧时代的挽歌。后来的史家不管如何仰慕司马迁,实际上却不约而同站在了班固的立场上。司马迁和他笔下的时代,一去不复返了。

但是《史记》里那种刚健质拙的精神也没有彻底消亡,它仍然潜伏在社会之中,只不过被挤到了比较边缘的位置。这种精神有好的一面,它召唤着人们的雄武之气,也召唤着个体的独立意识。在主流话语无所不在的笼罩中,它给人挖开一个可供自由呼吸的缝隙。

当然,它也是野性的,有时候甚至是暴戾的,是恃强凌弱的。它是"情义"对道德的无视,血性对逻辑的无视,私域对公域的无视。任何文明走向成熟的时候,都会打压这种精神。从本质上来说,文明是一种驯化,而这种精神就是它的驯化对象之一。只不过,这是用什么样的力量去驯化这种精神?又要把它驯化到什么程度?

《汉书》之后的正史给出了一个答案——那就是用大一统帝国的力量,把它渐渐驯化到温良乖巧的程度。司马迁已经窥见到了这个过程。对此,想必他一定是心怀不满的。《史记·列传第一》就是《伯夷列传》。在这个故事里存在着一种悖论,伯夷、叔齐相信君权的绝对性,因此反对武王伐纣;但是他们又否认君权的绝对性,所以又选择了躲进首阳山。这种糊涂而又矛盾的想法,司马迁未必赞成,但他还是郑重其事地写下《伯夷列传》，还放到"七十列传"之首，又是为什么呢？可能，他不见得欣赏伯夷、叔齐的观念，但欣赏他们的决绝。

是啊，天无二日，那又怎么样？民无二主，那又怎么样？你布下了笼罩一切的巨网，那又怎么样？我依旧可以拒绝你。他们都说天下的粟米都是你的，那么我一口都不吃，和你两不相欠。

然后，我可以自由地反对你。

是不是想多了呢？也许吧。但我们还是愿意相信，司马迁写下这篇列传的时候，心头燃烧着一股愤恨。他赞美伯夷、叔齐，多半也是因为这两个迂腐固执的老头子，做到了司马迁他自己都做不到的事。

人到底为什么要做好事

范滂

一

东汉末年出过两次"党锢之祸",宦官们以"党人"的名义逮捕诛杀了很多名士。这些名士的首领都有名号,被称为"三君"、"八俊"、"八顾"、"八及"和"八厨"。其中,范滂就是"八顾"之一。"顾"是说他们能以道德接引人的意思,用现在的话说,有点像是道德模范。

范滂性格很刚烈。第一次"党锢之祸"的时候,他被抓进了监狱,"三木囊头,暴于阶下"。狱吏要挨个拷打囚犯,范滂看到很多囚犯都生病了,就要求先拷打自己。宦官王甫审问范滂,质问他为什么讪谤朝廷,他表示,古人做好事,可以自求多福,现在我们做好事,却要身遭大戮。我死以后,希望能够葬在首阳山旁,上不负皇天,下不愧夷、齐。王甫听了也有点感动,让人解开他的枷锁。

这次"党锢之祸"还不算太惨烈,范滂最后也被释放。但是两年后,第二次"党锢之祸"爆发的时候,他就在劫难逃了。督邮拿着逮捕他的诏令到了当地,却关起门来痛哭。范滂听到这件事后便说,这一定是因为我。他就自己到县衙去投案。临行前,他对儿子说,我要让你以后做坏事吧,可坏事终究是不能做的;我要让你做好事吧,可我一辈子没做过坏事,却是这么个下场。

然后,他就被送到洛阳诏狱,死在了那里。死的那年,只有三十三岁。

"党锢之祸"的成因相当复杂,其中的是非曲直也不是几句话能说清楚的,这里也就置而不论,但范滂说的那番话,确实颇为令人触动。那当然是愤激之辞,但这里就折射出非常重要的问题:人到底要不要做好事?如果要做的话,那又是为什么?

这样的问题极其古老,但又极其无解。如果有个孩子站在我们面前,问出这个问题,我们该怎么回答呢?

最简单的一个答案是:善有善报,恶有恶报,所以要做好事。

但是范滂似乎不相信这个答案,所以才会对儿子说出那么伤痛的话来。范滂也确实有道理。这个答案,在很多时候都不成立。从历史上看,做好事不一定有好下场,做坏事不一定有坏结局。所谓"善有善报,恶有恶报",不过是人们的一厢情愿。当一个社会处于稳定健康的状态下,这个说法也许有概率上的或然性;可是当社会出现失衡,或者碰到秩序重建的时候,这个说法往往就失效了。

就拿大家都讨厌的汉奸来说吧,陈公博被枪毙,周佛海死在老虎桥监狱,果然汉奸没有好下场。可是历史上的范文程不就活得很好吗?割了"幽云十六州"的石敬瑭还做了一辈子皇帝呢。这种历史的糊涂账又该怎么算呢?

古代人碰到这种事情,还有一个解决方案,就是把报应往后推。所谓"积善之家必有余庆,积不善之家必有余殃",做坏事的人即便此身不报,也会报到子孙后代身上。当然,按照现代文明的观念,人是独立的主体,不能为他人的行为负责,这种报应本身就不够合理。但即便我们接受古人的伦理价值,认可这种报应的合理性,它也未必成立,很多时候甚至是反过来的。

比如说明朝的"靖难"事件。站在今天回顾历史,永乐帝和建文帝的争斗似乎算不上是黑暗和光明之争,但如果设身处地以当时人的立场思考,情况就绝非如此。朱棣所作所为当然是大恶,颠覆了天下的秩序。而朱棣和朱允炆比起来,也是残暴不仁。至于燕军的暴行,更是人神共愤。从当时的任何道德角度来说,人们都有厌恶朱棣的理由。

齐泰、黄子澄、景清、铁铉等人都是朱允炆的忠臣,坚决反对朱棣。结果他们都被以酷刑处死,妻女家属被发往教坊司,在里面受到的凌辱更非人类所能想象。东汉的宦官还没有想出这些花样来迫害范滂的家属,朱棣的所作所为,比东汉宦官更要暴虐百倍。鲁迅在《且介亭杂文》集子里就引过《南京法司所记》里的史料:"永乐十一年正月十一日,教坊司于右顺门口奏：齐泰姊及外甥媳妇，又黄子澄妹四个妇人，每一日一夜，二十余条汉子看守着，年少的都有身孕，除生子令做小龟子，又有三岁女子，奏请圣旨。奉钦依：由他。不的到长大便是个淫贱材儿！""铁铉妻杨氏年三十五，送教坊司；茅大芳妻张氏年五十六，送教坊司。张氏病故，教坊司安政于奉天门奏。奉圣旨：分付上元县抬出门去，着狗吃了。钦此。"

这些史料对鲁迅刺激很大，连着在两篇文章里都提到此事。今天读到，也不免令人觉得骇然。那么这些人最后下落如何呢？

到了明仁宗时代，曾下过一道圣旨："建文诸臣家属在教坊司、锦衣卫、浣衣局及习匠、功臣家为奴者，悉宥为民。"但是"宽宥为民"，并不是彻底解放了。他们还是被认为是贱人，被编入"乐户"，做最下贱、最屈辱的营生。一直到了雍正时代，才有人提议说建文忠臣的后代还在山西、陕西做乐户，太可怜了，应该予以赦免。雍正批准了这个奏折。

可这时候，已经过去三百年了。

读到这样的史料，谁还会真的相信"积善之家必有余庆，积不善之家必有余殃"呢？

当然，我们可以说齐泰、铁铉他们秉持的不过是封建道德。可是我们都是时代的产物。古代人天天读的书就教育他们这些道德，这些道德对于他们来说是绝对无误的存在。那么他们看到这样的事情，会怎么想呢？他们又怎么去说服自己，人，要去做好事呢？

二

还有一种自我安慰的说法，就是，日后自有公论。虽然好人在肉体上没有得到好报，但是会有身后的荣誉。这就像在现实中无计可施时，人们就会说，时间会证明一切。

说也奇怪，人们对时间总有种奇特的信仰。小到一本好书没人读，我们会说时间会证明它的价值；大到一个好人遭到诬陷，我们会说时间会恢复他的名誉。这么说的时候，人们都假定现在的人虽然不靠谱，但未来的人终究是公正的。

这种想法很成问题。首先，身后的名声能否补偿身前的磨难？这就不太好说。古代很多读书人对名声颇有执念，觉得只要万古留名，一切也都值了。比如王充在《论衡》就说，好人、贤人往往命运多蹇，饱受忧患，但是当好人、贤人还是划算的，因为他们"身与草木俱朽，声与日月并彰"，永远为后人纪念。但是事情真的可以这么算账吗？至少在很多人眼里，未必如此。黄庭坚则说："人乞祭余骄妾妇，士甘焚死不公侯。贤愚千载知谁是，满眼蓬蒿共一丘。"又是另外一种算法。很难说哪种说法更合理。

即便撇下这点不提，对时间的这种信念，还是不太站得住脚。

现世对你不公正，未来的时代为什么对你就会公正呢？我们不行，未来的人为什么就一定行呢？更何况人类的记忆力还如此之差呢。过去的事情如恒河泥沙，能被记取的不过是几粒尘埃,有几个人会在意陈年往事的是是非非呢?即便后人真的在意,他们看到的资料也都经过层层过滤和磨损,又有多少往事能够确定其中的是是非非呢?无数善事被人忘怀,无数英雄无人纪念,这才是真实的世界。

清朝官员段光清写过一本《镜湖自撰年谱》,里面提到他处理过的一件事。当时在宁波的鄞县,有两项盘剥百姓的土政策。百姓们很不满意,但一直没什么办法。这时,有两个人带头站了出来,要求取消这两项陋规。他们一个叫周祥千,一个叫张潮青。有了他们领头,鄞县的老百姓胆气愈壮,闹到最后,干脆一把火烧了衙门。官府害怕风潮扩大,就向老百姓低头,取消了这两项土政策。但让步归让步,朝廷的颜面还是要的,事情也总要有个交代。段光清就要百姓把为首的人交出来。这个时候,土政策既然已被取消,张潮青和周祥千在百姓眼里也就没什么用处,反而成了包袱。大老爷既已开恩,这两个祸害还留着作甚?于是,周祥千在压力之下,投案自首;张潮青则被百姓捉拿归案,献给段太爷,领了八百大洋的赏钱。最后,两人都被枭首示众。

这些土政策压榨小民,优待士绅。周祥千是监生,属于受益者。他之所以出头,无非是书生的义愤,加上周围人的鼓动,最后却落得家破人亡。他的妻子受不了这个打击,发了疯,天天在田野里乱跑,乡亲们都说她是个疯子。

周祥千是好人吗?当然是好人,就连段光清自己也说周祥千"无愧大丈夫也",可那又能怎样?还不一刀砍下,颈血狂飘？只留下至亲者陷入痛苦，而鄞县的百姓依旧过着自己的日子，最多是谈起时叹息两声，然后转过头去叮嘱子弟们，千万别学他们那样好事出头。时间长了，也就没有人还记得为了取消陋规，有人付出过怎么样的代价，有人怎么样地死，又有人怎么样地疯。

像这样的好人在历史上其实有很多，可谁会记得他们呢？人们知道周祥千，也不过是因为段光清很偶然地在《镜湖自撰年谱》提到了他，而这本年谱又很偶然被整理出版。不然的话，谁又知道一百多年前曾有过这么一号人物呢？死了白死吗？当然白死，无人称赞。

看，时间不是公正的，而是善忘的。

三

对于这个问题，宗教能提供一种支撑力量。它可以把报应的时间推迟，虽然现世没有报应，死后也有报应。就像阎王殿里常见的题词："阳世奸雄，伤天害理皆由你；阴曹地府，古往今来放过谁？"生前行善，死后走金桥，过银桥；生前作恶，事后上刀山，下油锅。因果报应，毫厘不爽。

如果真有这么一个所在，倒也让人宽慰。对于"我们为何要做好事，不做坏事"，也能给个有说服力的答案。但问题是，我们已经不相信这个说法了。其实不光我们不信，古代的文化人往往也不信。

原始儒家就不承认怪力乱神这一套,什么判官阎罗,什么阴骘报应,孔子听了肯定会嗤之以鼻。不光孔子不信,后来的儒家知识分子也不太信。就像朱熹的高足陈淳就说:"因果之说全是妄诞。"至于那些因果报应的故事,无非是因为"大抵邪说流入人心,故人生出此等狂思妄想而已!温公谓,三代以前,何尝有人梦到阴府见十等王者耶?"。像纪晓岚、袁枚,虽然会写些报应故事,但也都强调说这不过是"以神道设教"。老百姓愚昧无知,只好讲讲鬼怪故事骗他们向善,其实,并不见得真有这样的事情。

陈淳的说法当然很理性,但是也要承认,一旦抽掉了宗教力量的背书,也确实就抽掉了某种行善的理由。这就不由得让人追问,既然这样,又是什么在支撑着他们的道德信念?

不管我们怎么批评古代的儒家,但是很多儒生的道德信念确实强悍到让人钦佩的地步。比如说明末的杨涟。

他是东林党的重要人物。当然,现在对东林党有种种议论,但此刻先不说东林党的是非功过,就说杨涟这个人。他曾上奏弹劾魏忠贤,揭发他"二十四条罪状",结果被魏忠贤捉到了诏狱。在狱中,他受到了骇人的拷打,每隔五天就要受一次大刑。杨涟下颌脱落,牙齿被全部打碎,然后又用钢刷来刷他,皮肤碎裂如丝。有人到监狱里看他,说他张口大声号叫,但是却发不出声音。另一个和他同受拷打的左光斗则是"声呦呦如小儿啼"。即便如此,杨涟还是坚持认为自己做的是对的，就是不向魏忠贤低头。他在遗书里说，"大笑大笑还大笑，刀砍东风，于我何有哉？"说起来真的是让人泪下。最后杨涟被人用铜锤击胸，铁钉贯顶，死状极惨。

黄宗羲评论这些人，说他们"冷风热血，洗涤乾坤"。实际上，乾坤并没有被洗涤，但是那股热血，确实在冷风中泼洒了上去。

然后慢慢变干，变冷。

那么支撑他们的力量到底是什么？

他们用自己的经历证实了世上并不存在"善有善报，恶有恶报"，他们又用自己的理性和学识相信死后也并没有鬼神来主持正义。那么，他们为什么还要用血肉来捍卫一种看不见摸不着的东西？为什么血肉狼藉的时候，还要说"刀砍东风，于我何有"？为什么到走投无路、哪怕自己也想不通的时候，也要对儿子说"可坏事终究是不能做的"？对于宗教信徒，这个问题可以得到解释，可是对于这些人，又是为什么？

当然也许可以用康德的"绝对道德律"来解释，但是这种解释未必有足够说服力。所谓"绝对道德律"，其实还是根植于宗教信念的传统中。对于我们这样的非宗教民族，它的源头又是什么呢？

还是不清楚。如果一定要勉强说一个答案的话，那就是：审美。

这个回答也许有些怪诞了，但是有时候，如果把宗教抽离，那么道德的天花板，可能就是审美。

伦理学上有所谓"情感主义"流派。它认为道德价值是、且仅是情感的直觉表达，无法用理性来衡量。"情感主义"伦理学也可以被简化为"呜哇——呸！"理论，对某种东西，我们要么"呜哇！"，要么"呸！"，至于怎么把这种感情升华为理论，那倒是次要的事情了。

这种说法，并不完全正确。

人们的道德价值并不是完全主观的，人们在伦理道德上是可以彼此交流，彼此说服的。我们对某种东西可能会先是"呜哇！"，但是经过理性思考，态度可能会转变为"呸！"。反之亦然。

但问题在于，对具体事物的道德判断可以是理性的，但是对道德判断本身的信念与坚持，却不是理性的范畴。知道某件事是对是错，这可以付诸理性，但是让一个人用生命去捍卫心中的"是"，却必须求诸人们的深层情感。这种深层情感有时是信仰，有时是审美。而有的时候，这两者也许本就是一回事。

坏事是丑的，好事是美的。奴性卑贱是丑的，直立不屈是美的。狗苟蝇营是丑的，坚持信念是美的。恣睢暴戾是丑的，正直善意是美的。黑暗是丑的，光明是美的。人只有一生，要活得美，而不要活得丑；要活在光明里，而不要活在黑暗里。

这种美丑差异的重要性，对于这些人来说，超过了肉体的痛苦，超过了现实的磨难。而这种感受，不是能用理性说服的。有就是有，没有就是没有。对没有这种感受的人，这种行为迂腐荒谬到不可想象；对有这种感受的人，他无法想象还有第二种活法。现实未必会拯救他们，后人也未必会记取他们，神鬼也未必会补报他们，可他们仍旧选择了鲜血淋淋的美，因为他们无法想象自己——怎么能丑恶地活。

只有理解了这一点，才能明白范滂为什么会对儿子说那种话，为什么在说完那种话之后又义无反顾地去赴死。

但是，这个答案似乎还是很脆弱，没有足够的说服力。可面对"我们为何要做好事，不做坏事"这个问题，除了这个答案，我们又还能说些什么呢？

强人的魅力 ——曹操

一

关于曹操的形象，历史上一直聚讼不休。

总的来说，唐朝之前，说什么的都有，宋朝之后，骂曹操的开始占据上风。这其中当然有很多原因，但主要还是由于儒学的复兴。宋朝读书人很在意纲常伦纪，所谓"名莫大乎忠孝，分莫大乎君臣"，所以曹操再有本事，终究也是个篡臣奸贼。这种意识起自士大夫阶层，而他们又是舆论的引领者，所以曹操的形象在民间也变坏了。

比如苏轼在《东坡志林》里就说："涂巷中小儿薄劣，其家所厌苦，辄与钱，令聚坐听说古话。至说三国事，闻刘玄德败，颦蹙有出涕者；闻曹操败，即喜唱快。以是知君子小人之泽，百世不斩。"

宋代说书人已经开始"尊刘抑曹"，到了元代的杂剧和平话，趋势更加明显。曹操是个白脸奸臣，刘备是个宽厚仁君，这两个形象渐渐被固化下来了。当然，最后的集大成者是罗贯中的《三国演义》。从此以后，民间对曹、刘的想象基本都是源于这本书。

《三国演义》在近代学者眼里，往往评价不太高。胡适照例是不会说好话的，直接把它归为二流小说以下。钱玄同也说它"思想太迂谬……文才亦笨拙"，连《说岳全传》都比不上。而鲁迅在《中国小说史略》里，对它也没什么称赞之词。不过，这是文化精英们的评价。老百姓可不管什么思想、什么文才，就是爱看。要说对民间的影响力，"四大名著"里估计要首推《三国演义》。至于这种影响好还是不好，那就是另一回事了。

《三国演义》继承了"尊刘抑曹"的传统，整本书的态度非常明确。翦伯赞评价曹操的时候就说："在否定曹操的过程中，《三国志演义》的作者可以说尽了文学的能事，《三国志演义》简直是曹操的谤书。"说起来，这本书确实有点渲染夸张。比如曹操杀吕伯奢一事，按照正史里记载，纯粹是误杀，曹操事后也只说了一句："宁我负人，毋人负我！"可是《三国演义》把曹操给丑化了，非说他后来明知吕伯奢没有害自己的意思，为了灭口索性也杀了。曹操的感慨也变成了"宁教我负天下人，休叫天下人负我"，阴暗性翻了好几番。

但是，虽然《三国演义》拼命"尊刘抑曹"，奇怪的事情还是发生了。很多读者看了这本书以后，并不讨厌曹操，反而看着刘备像个伪君子。

69

鲁迅评论说，整部小说"欲显刘备之长厚而似伪"，要写曹操坏，"结果倒好像是豪爽多智"；汉学家张磊夫说得更冗长也更细致，"曹操似乎显得更具人性……就这一点而言，他可与刘备相对比：后者将自己视为侠义与荣耀的化身，但仍随时准备着追求自己的利益。即使是在吕伯奢这个悲伤的故事中，曹操的'宁教我负天下人，休叫天下人负我'也显示出了一种愤世嫉俗的诚实"。

很多读者都有类似的想法。明清时代的读者还碍着君臣大义的正统伦理，需要否定曹操，可是现代人没了这种顾忌，对曹操的态度明显好转了。甚至观察下来，现代读者中，喜欢曹操的，远多过喜欢刘备的。

这当然违反了罗贯中的本意。

但何以如此呢？鲁迅认为这是他手法笨拙的缘故。这个说法并不全面。因为哪怕不看《三国演义》，直接去看陈寿的《三国志》，也会觉得刘备长厚里透着虚伪，而曹操的诈恶中透着豪爽。总的来看，曹操就是比刘备更有个人魅力，或者用学者的话说，更有"克里斯玛（charisma）"。

二

《三国演义》写得"七分实事，三分虚构"。大方向上，它倒也没有胡乱编造。历史上的曹操就是个比较残酷凶狠的人,而相对来说,刘备就是个宽厚仁慈的人。当然在乱世中,这个"宽厚仁慈"要打一个大大的折扣。但就像郭德纲说的,凡事都要靠同行的衬托。比较而言,确实如此。

曹操的凶狠有很多证据。

最出名的一件事,就是他在攻打徐州的时候,"凡杀男女数十万人,鸡犬无余,泗水为之不流"。有人解释说这是为了报父仇,其实并非如此。屠城是曹操作战的长期战略,从初平四年一直屠到了建安二十四年。睢阳、雍丘、邺城、大柳城、河池等等,都被他屠过。在"官渡之战"后,他更是把袁绍的八万降卒"尽坑之"。孙权和诸葛瑾聊天时就说:"操之所行,其惟杀伐小为过差,及离间人骨肉,以为酷耳。至于御将,自古少有。"孙权可不是一个心肠软的仁厚长者,下起手来也蛮狠,可连他都觉得曹操杀戮得有点过分。

当然,曹操也有感性柔软一面。

他在《蒿里行》里写道:"白骨露于野,千里无鸡鸣。生民百遗一,念之断人肠。"颇为悲天悯人,没有经验的阅读者也许就会上当。其实,这就是写作者常见的创作状态而已。拿起笔的时候,他的同情悲悯的心情是真实的;放下笔拿起刀的时候,他的蓬勃杀心也是真实的。两者互不干扰。曹操就是这样,一个人把杜甫和白起的活儿都抢了。

这么说,并非要抹杀曹操的成就。他铲除群雄,统一北方,大规模减少了战乱,让老百姓能够喘一口气。但是,这种成就只是客观后果。一群强人打来打去,后来一个最强悍的强人获胜了。对于打仗打怕了的老百姓来说,有一个强人当然胜过有一大堆强人。但是这并不意味着,这个获胜的强人就比那些失败的强人更好;也并不意味着,老百姓就一定拥护这个获胜的强人。

事实上,老百姓似乎也不怎么拥护曹丞相。

比如按照《三国志》里的记载,曹操曾经试图把淮南地区的人口内徙,结果老百姓听到消息后,纷纷往东吴逃跑,十几万户都逃过了长江,淮南一带几乎跑空了;再比如说,《三国演义》有一段著名的情节,曹操率军攻打荆州,十多万老百姓跟着刘备逃跑,有人劝刘备不要带这些百姓,说他们是累赘,但是刘备不忍心,坚持带着走,结果差点被曹操全歼。这段情节并非罗贯中虚构,历史上确有此事。

那么荆州这些老百姓为什么宁肯抛家舍业,也要跟着刘备呢?无非是因为曹操实在太可怕了。

罗贯中把曹操的暴行记录了下来,在某些细节上甚至还有所夸大,比如前面说到的杀死吕伯奢之事就是如此。但是他肯定没有想到:我们读者对此居然并不在乎!

曹操把徐州杀得鸡犬不留,我们不在乎;十几万荆州老百姓宁肯逃亡也不敢面对曹操,我们不在乎;曹操杀了恩人全家,我们也不在乎。我们反而觉得曹操豪爽多智,比那个把"仁义"天天挂嘴上的刘备更加可爱。

人们为什么对曹操这么宽容呢?

这让人想起了《笑傲江湖》里的一段情节。任我行刚出场的时候，对付秦伟邦、黄钟公、黑白子的手段非常毒辣，令狐冲有点看不过去。但是跟任我行相处了一会儿，令狐冲就"颇信英雄处事，有不能以常理测度者，心中本来所存的不平之意逐渐淡去"。而读者看待曹操，就有点像令狐冲看待任我行。只要刀没砍到自己脑袋上，普通人对待英雄总是宽容的，哪怕是令狐冲这样好心肠的自由主义者也不能免俗。

但是对刘备，读者可就没这么宽容了。

其实刘备没干过多少坏事，跟当时那些军阀比起来，他还算干净。无论是在正史里，还是在《三国演义》里，他都没屠过城，也没有大规模杀戮俘虏。十多万老百姓宁肯跟着刘备逃跑，也不愿接受曹操，就是最好的证明。

要说污点，当然也有。比如他反客为主，说是替刘璋抵抗张鲁，却掉过枪口夺了四川，这当然违反诚信。可在军阀混战的大环境中，这并不算如何出格。袁绍不也鸠占鹊巢，夺了主人韩馥的冀州吗？吕布不也身为客人，夺了刘备的徐州吗？何况刘备也没有收拾刘璋，把他放到公安县好吃好喝地养了起来，还将私人财产都还给了他。说句良心话，在乱世里，这已经算不错了。

但是读者还是觉得刘备虚伪。

这种感觉其实并不错。刘备虚伪吗？确实有点虚伪。他要真是信奉仁义道德的大好人，也不可能在三国时代打下那样一个局面。刘备骨子里毕竟是个枭雄。他处处要给自己打造一个君子人设，可人设和真实毕竟是两回事。

但说到这里,问题就来了:一个人,没有自己标榜的那么好;另一个人,像自己标榜的一样坏。那么,哪一个人更可取呢?

反正荆州的老百姓宁肯跟着虚伪的刘皇叔逃跑,不愿留下来等着豪爽多智的曹丞相。毕竟"英雄处事,有不能以常理测度者",万一曹丞相一怒之下把我们杀的鸡犬不留,怎么办?至于刘备的虚伪,对于草民来说,倒未必不是一层保护。

鲁迅提到古代的大小统治者时,曾说:"他们都是自私自利的沙,可以肥己时就肥己,而且每一粒都是皇帝,可以称尊处就称尊。"刘备当然也不例外。他标榜的"仁义"里当然有虚伪的成分。可是这毕竟限制了他的行为,而且天长日久,自我标榜的东西也未必不能落地,成为治民的方式。孟子就说"春秋五霸"是假借"仁义"之名,但是"久假而不归,恶知其非有也?"

人们对虚伪往往有一种错误的看法。如果是两个旗鼓相当的对手,虚伪确实是一种恶德。我没有正面伤害你的能力,虚伪就成了我从背后悄悄伤害你的手段。这个时候,虚伪确实很可恶。张磊夫在《国之枭雄》里还说过一段话:"与自以为正义之师的刘备结盟,不如选择曹操;至少你知道自己将会面临的情境。"大致表达的也是这个意思。

当然,从历史上看,和曹操结盟也未必有什么好下场。但即便张磊夫说得对,可对于没资格和他们结盟的草民来说呢?恐怕情况就大不一样了。

如果双方力量完全不对等，我想打你就打你，想屠你就屠你，虚伪就不再是恶德，是成了对暴力的一种隐形约束。对于草民来说，掌握暴力的强人要是竖一个"仁义"的人设，哪怕这个人设很虚伪，也比没这个人设好。

所谓"明枪易躲、暗箭难防"，那是对力量对等的人来说。要是曹丞相明晃晃的一钢枪扎过来，你能往哪儿躲？你只能"嗷"的一声倒在泗水河边。这个时候，你巴不得有人在旁边提醒曹操一下："丞相，使不得！注意一下你的人设！"可曹丞相攥着枪柄一转圈："哼，老子的人设就是——宁教我负天下人，休叫天下人负我！"

这个时候，你对"人设"肯定会有不同的看法。

既然提到了金庸的《笑傲江湖》，那就不妨再拿它做个比方，多说几句。

《笑傲江湖》里最大的反派是岳不群。刘备还只能说有虚伪之处，谈不上大奸大恶，岳不群可是真正奸恶的伪君子。如果拿他和任我行相比，大家多半会偏向任我行，讨厌岳不群。但这是读者的偏好。如果你真生活在《笑傲江湖》的时代里，你是愿意碰上任我行，还是岳不群呢？

假设你是酒店的店小二，岳不群看你端菜的模样不顺眼，要杀你，那可相当麻烦。他要谋篇布局，施障眼法，就算真出手还得戴黑面罩、换夜行衣，整套下来，忙活两三天都不一定能搞定。岳不群可能就会想："算了算了，有这时间我还是练'紫霞神功'去吧！"可要是碰上任我行，哪有那么多流程？

他一巴掌就拍死你:"老子一看你就来气!"

你倒是愿意碰见谁呢?

三

要说起来,读者的心态还是蛮奇怪的。

可以设想一下,如果《三国演义》里的曹操也打出宽仁厚道的人设,宁肯冒着失败的风险,也不愿意抛弃老百姓,读者还会那么喜欢他吗?恐怕不会。我们可能反而会觉得他婆婆妈妈,不像大丈夫行径。

普通人要是穿越到了三国时代,大概率不是曹操、刘备,而是逃难的草民。可是我们还是会觉得:"都火烧眉毛了,你还管那些老百姓,这不是有毛病吗?"读到刘备兵败当阳的时候,恐怕大部分读者都是这么想的吧?

为什么会这样呢?

有人说这是心理代入的问题。在阅读过程中,人们会不由自主地把自己代入曹操的视角,而不是难民的视角,所以才会有这种想法。这种解释有一定道理,但并不能完全说服人。《三国演义》毕竟不是《倚天屠龙记》《笑傲江湖》。我们可能会代入张无忌或者令狐冲,却很难对曹操这样的枭雄有强烈的代入感。即便读故事,我们也能模糊意识到,曹操和我们不是一类人。

那么问题出在哪儿呢？

男同胞们或许有过这样的感受：从小就有些崇拜街上的大混混，长大了也喜欢看犯罪片，尤其欣赏教父那样不露声色的黑老大。哪怕成年后成为一个读书人，且在价值观上并不赞同他们的行为，扪心自问，也不渴望成为那样的人，但是——还是忍不住崇敬他们身上的力量感。

想到这一点，大家可能多少有点理解读者何以会更喜欢曹操，而非刘备了。

不一定所有人，但至少有很多人，他们就是有一种慕强的心理本能——哪怕强者是藐视他们的。甚至可以说，正因为强者是藐视他们的，他们才会更加崇敬。慕强和代入感有些接近，但并不是一回事。

当年刘邦、项羽看到秦始皇出巡的排场，刘邦说"大丈夫当如是也"，如果他只是单纯嗟叹，那大致归结为慕强；项羽说"彼可取而代之"，这就是典型的代入。两者之间有微妙的差别。

但是慕强者的心态多少有点古怪。强者如果冷酷到底，毫无心肝，他们也会心生反感；但强者要是宽厚善良，处处以弱者为念，慕强者虽然自己也弱，但又会忍不住轻视他，觉得他婆婆妈妈，缺乏该有的威严。所以，董卓那样的畜生固然可恶，逃跑都要带着老百姓的刘备也让人厌烦。

反而是曹操，一会儿可以屠城灭县鸡犬不留，一会儿又能踩了麦苗后割发代首；一会儿坑八万降卒，一会儿又能写下感时伤怀的《蒿里行》。一种神秘的人格魅力弥散开来，让人莫名钦佩。

这就像杜月笙这样的毒贩子，一张三寸纸条就能取人性命。但是他平时偏偏显得温文有礼，守一点江湖上的规矩，还时不时有些出其不意的善举。结果在市井传说中，他就成了一个极具"克里斯玛"的人物。大家对小杜津津乐道，似乎那点文雅能抵得上几百条人命。如果杜月笙真是双手干干净净，一辈子只是行善积德，大家反而对他没什么兴趣了。

善没有伤害别人的能力，恶却有伤害别人的能力。

不管我们承认不承认，这种能力里面有一种魅力。不知道为什么，但是很多人的心理确实如此。一种带有克制的恶，往往比带有瑕疵的善，更能激发我们的好感。也正因为这样，张磊夫先生才会认定，反派英雄曹操虽然残忍奸猾，但还是比伪善的刘备更吸引人。

《三国演义》里的曹操、市井传说中的杜月笙，乃至《笑傲江湖》里的任我行，他们都属于同一类型的人，冷血残酷里带着人性的痕迹。理性告诉人们：我们是普通人，这样的人对于我们来说非常可怕；但是感性告诉人们：他们真有人格魅力！

令狐冲见到任我行后，"颇信英雄处事，有不能以常理测度者，心中本来所存的不平之意逐渐淡去"，这段不起眼的文字，真是金庸无意中的神来之笔。短短的一句话，可以解释很多可怕的心理。人们会不由自主地为强人们开脱，给他们制定另一套标准，赋予他们道德上的豁免权，并相信自己蝼蚁般的理性是无法测度神明的作为的。

　　好在令狐冲骨子里的傲气仍在。他虽然一度被这种心理迷惑，但很快还是清醒过来。最终，他怀着强烈的不平之意和任我行决裂。但是像令狐冲这样的人物，自古以来又能有几多呢？

心头的柔软之地   嵇康

一

在"竹林七贤"里,最受时人推崇的是嵇康。

魏晋士人一提到他,都是交口称赞,什么"萧萧肃肃,爽朗清举""岩岩若孤松之独立""傀俄若玉山之将崩",各种各样的好词都往他头上堆。嵇康的死对头钟会甚至说他是"卧龙",这当然是危言耸听,想怂恿司马昭杀掉嵇康,但是这话至少有些舆论依据。倘若他说酒鬼刘伶是"卧龙",司马昭就不会信。

而且嵇康的影响力也确实大,他被逮捕下狱的时候,三千名太学生集体请愿要求赦免他,有人还表示要和他一起入狱。

嵇康出身并不显赫,官位也不高,也就做到了中散大夫,不过是个中低品级的闲职而已。他能有这么大的影响力,多半还是因为文化上的偶像效应。说起来,也是那个时代正巧迷恋他那种格调。如果他出生在严肃古板的东汉,就绝出不了头。

　　魏晋时期的精英圈子相当小，彼此之间都有错综复杂的关系，有点像是小说家笔下的维多利亚时代上流社会，碰头碰脸的都是那一小撮人。这种文化环境最适合搞沙龙，大家聚在一起，有的没的聊上一通。倒未必要聊出什么结果，但是话要说得聪明，还要有风度。"玄学清谈"就是这么渐渐流行起来的。

　　嵇康很适合这种文化沙龙，所以才能成为"竹林七贤"的精神领袖。他不光高大英俊，而且多才多艺，诗写得不错，琴弹得更好，据说书法也是一流。更重要的是，他特别擅长和人辩论。对于沙龙型的文化人来说，这个技能非常吃重。

　　《嵇康集》收录的文章，有一大半都是在辩论。他辩论起来确实很有一套，讲道理讲得丝丝入扣，还能随时发现对方的破绽。哪怕是抬杠，也抬得很有水平。嵇康能被大家推重，跟他这个本领很有关系。《世说新语》里说钟会写了一篇《四本论》，想要和嵇康讨论一下，但又"畏其难"，就来到嵇康的家门口，把文章远远扔了进去，然后扭头就跑。这个故事的真假不好断言，但至少说明在大家心目中，嵇康，就是辩论权威。

　　在现代人看来，嵇康他们辩论的主题是有点怪的。比如说音乐本身有没有喜怒哀乐，还是说纯粹是听众的主观感受？嵇康说音乐就是音乐，并不包含任何情绪。同样的音乐，有的人听了哈哈笑，有人听了掉眼泪，无非是大家的主观心理而已，跟音乐本身没什么相干。再比如说，人们求学读书，到底是不是天性喜欢呢？嵇康就说人求学读书，主要是为了混口饭吃。要是大家都有饭吃，有衣穿，也就不读书求学了。

这些辩论听上去似乎不着边际。一个时代的精英分子，为什么会热衷这些话题呢？这里也有一些隐藏的背景，那就是对儒家教化的态度。儒家认为音乐是有教育意义的。雅乐可以正人心，淫声可以乱世道。至于读经书，那当然更有天大的好事，正经人都该发自内心地喜欢。嵇康说音乐本身没有喜怒哀乐、读书求知是出于不得已，其实就是要跟儒家唱反调。

嵇康厌烦儒家，信奉老庄。而且他不光信老庄，也信神仙。"竹林七贤"里的向秀说世上并无神仙，嵇康就写文章反驳他。他认为世上有神仙，只是我们不太见得到而已。普通人就算当不了神仙，只要肯养生服药，活个几百年乃至一千年，总是没有问题的。

既然信神仙，稍带着也就信风水。嵇康也争辩过"主宅有无吉凶"的问题。嵇康认为世上当然有吉宅、有凶宅，虽然不能说住了吉宅一定幸福，住了凶宅一定倒霉，但肯定有重大影响。运势旺的人也许不怕，但是运势一般的人就要小心了。后来算命的说"一命二运三风水，四积阴德五读书"，大致也就是嵇康的这个论调。

大家怀着崇敬之心捧读《嵇康集》，却发现这些讨论神仙和风水的文章，多少会有点泄气。以嵇康之高明，怎么会相信这些怪力乱神的东西呢？有人解释说，嵇康并非真的迷信。

他无非是像张良一样，以此自污，佯狂避世而已。但这么说并不客观。嵇绝非佯狂避祸，而是真的相信那些东西。他经常到山里采药，以图长生久视。五石散他也是吃的。人不管怎么样狂，对吃到肚子里的东西总是不敢随便作假的。

退一步讲，如果嵇康真是为了避祸，那么结果也只是适得其反。当时掌权的司马家族以儒生自居，正用"名教"来做武器批判曹魏时代的"通脱"。而嵇康偏要说什么"以六经为污秽，以仁义为臭腐"，还要"非汤武而薄周孔"。这些话放在道家的语言系统里，其实并不算骇人听闻，但搁在那个大环境里，就有点像是故意唱对台戏，这就给自己埋下了杀身之祸。

二

鲁迅在《魏晋风度及文章与药及酒之关系》的演讲里说，嵇康内心深处非常信奉名教，菲薄圣贤只是表面上的伪装。司马家族打着"名教"的幌子来篡弑杀戮，嵇康气不过，才故意做出这种姿态来。"魏晋的破坏礼教者，实在是相信礼教到固执之极的。"但是鲁迅这话靠不住，他自己也未必真的如此想。

这篇演讲作于1927年"四一二政变"之后。鲁迅是借古讽今，以此来批评蒋介石，要论起真实情形，并不是这样。嵇康当然厌恶司马家族，他反对"名教"的那些言论，也许有赌气的成分，但并不全是故作姿态。嵇康的本性和"名教"就是格格不入。他打心眼里反感"名教"的烦琐虚伪，希望自由自在地生活。

但在当时，要过这样的日子非常困难。这群文化精英们聚在自己的小圈子里，看上去自得其乐，其实外面的天地已经杀机四伏，露出狰狞的面目来。

当然还是因为政治。在高平陵之变后，司马家族掌握了权力，此后又镇压了几次反抗，手段极其血腥，对反对者基本都是"夷三族"，男女老幼尽数诛杀。何晏、夏侯玄、李丰这些文化界名士也卷入其中，被先后处死。就像前面说的，当时的精英圈子很小，大家几乎都是熟人。看到这样的流血事件，自然加倍地触目惊心。

而且政治的钳子也越夹越紧，司马家族盯着精英圈子的一举一动，考察这些人的态度。还能有什么态度呢？面对这样的屠戮，死者又往往是亲朋故交，大多数人除了惊惧之外，当然就是憎恨。但是憎恨是不敢表达的。不光憎恨无法表达，就连沉默也渐渐不被容忍。在司马家族看来，沉默也是一种无声的抗议。

"竹林七贤"对此的反应各不相同。

王戎名利心很盛，和司马家族关系又不错，碰到这种局面倒是如鱼得水；刘伶是个货真价实的酒鬼，政治上无足轻重；阮咸当时岁数还小，也姑且不论；山涛则是个圆滑的老官僚，依违其间，谁都不得罪；向秀是学者型人物，胆小怕事，能躲就躲,实在躲不过的话,该唱赞歌就唱赞歌;阮籍的态度则比较复杂撕裂,他选择了屈服,但又不甘心,就去写一些晦涩的诗,做一些狂乱的事,比如他经常独自驾着车到荒野里去,到无路可走之处,就停下来号啕大哭,心中的苦痛可想而知。

相比之下,嵇康最我行我素。

他性格本来就散漫舒展,做起事来不拘小节。大家现在说到名士们的"魏晋风度",其实往往都有些自我表演的成分,一边特立独行,一边留神着观众们的反应。嵇康却是个例外。他好像是真的不太把外界当回事。从他写的文章里,就能看出点苗头。

嵇康在《与山巨源绝交书》里说自己"头面常一月十五日不洗,不大闷痒,不能沐也。每常小便而忍不起,令胞中略转乃起耳"。当时人们写文章都讲究风神雅致,嵇康却把早上膀胱憋尿的事儿,都漫不经心地诉诸文字。《昭明文选》收录了那么多魏晋文章,却再没有第二篇这样的。大家格外推重嵇康,多少也跟这种随心所欲的气度有关。

但是,嵇康又骄傲而刚烈。

他散漫舒展惯了,也就不肯掩饰这份骄傲和刚烈。用他自己的话说,就是"刚肠疾恶,轻肆直言,遇事便发"。他当然也嗅到了周围不安全的气氛,但是依旧不为所动。阮籍为了避祸可以压抑自己,一边痛哭,一边敷衍。但是嵇康就不肯,喜欢的就是喜欢,不喜欢的就是不喜欢,态度极其鲜明。

比如他讨厌钟会。钟会拜访他的时候,他就自顾自地锻铁，默然不语，把客人晾在那里。后来钟会拿着《四本论》不敢见他，恐怕也不全是怕他逻辑犀利，更担心再碰一鼻子灰。

再比如说山涛。山涛是他的朋友，打算推荐他做官，也是给他增加点安全系数的意思。嵇康不愿意，本来不愿意就推辞掉好了，可他干脆写信跟山涛绝交。当然，绝交只是个姿态，并没有真的断掉关系，临死的时候嵇康还把儿子托付给了山涛。但是他在信里说的话很难听，什么"野人有快炙背而美芹子者，欲献之至尊"，还说山涛"己嗜臭腐，养鸳雏以死鼠"，这就带几分侮辱性了。

从这里看，嵇康的脾气很坏。但是他对人好起来又好得很赤诚。

嵇康有个朋友叫吕安。吕安很不幸，摊上了一个恶毒异常的哥哥。据说这位哥哥奸污了吕安的妻子，也就是他的弟媳妇。两个人就闹了起来。最后那位哥哥居然跑到朝廷那里检举吕安。具体的罪名有点模糊，似乎是说他不孝挝母。在古代，殴打母亲可是一个绝大罪名，不光不齿于人伦，还是要杀头的。明朝翰林郑鄤就是被诬告"杖母"，结果被活活凌迟。

吕安的这个罪名已经够大了，但不知怎么又扯上了政治，说他写过恶毒的反动文章，妄图推翻司马家族的政权。那篇文章现在也保存下来了，看起来并不像如何反动，无非是文人想要建功立业的大话。什么"披艰扫难，荡海夷岳"，还要一脚踢倒昆仑山，再一脚踩平泰山，简直就是顺嘴胡呲。但是非要往政治上靠的话，当然也可以。司马大将军正在治理天下，河清海晏，形势大好，百姓们欢欣鼓舞还来不及，你却要踢倒昆仑山，居心何在？再说，泰山又碍着你什么了？你想影射什么？碰到这种质问，吕安自然百口难辩。

不孝加反动，这是个最糟糕的组合。按照惯例，他的朋友都应该赶紧躲开，千万不要牵涉在内。必要的时候，可能还要落井下石，划清界限。但是嵇康先是写了封信给吕安的哥哥，把他痛斥了一顿，后来又去给吕安作证辩诬，结果自投罗网。钟会借机报复，危言耸听，"不诛康，无以清洁王道"，司马昭就把嵇康和吕安一起杀掉了。

吕安一案史料简略，颇有暧昧含糊之处，司马昭杀害嵇康的动机也可能比较复杂。后来的研究者对此案有不少争议，但无论如何，嵇康在事件中表现出了毋庸置疑的勇气。他也为此付出了生命的代价。嵇康在洛阳东市被处斩，临刑前，他神色不变，要来琴，弹了一曲《广陵散》。弹完后，他还说，可惜啊，袁孝尼想跟我学这首曲子，我没教给他，现在《广陵散》就此绝传了！

然后，他就被处死了。

三

如此看，嵇康真是凤凰一般骄傲的人。

他当然知道世道险恶，却依旧我行我素，顺心而行。中国的名士才子多得像过江之鲫，真能做到这一点的却很少。也正因为这样，后人把他当成了心灵自由的象征，对他多多少少有点美化的成分。人们想象中的嵇康，和真实历史中的嵇康未必完全一致。

不过，嵇康在文集里留下过一篇《家诫》，展现出了他的另一副面孔。这篇《家诫》是写给儿子嵇绍的，当时这孩子大约只有十岁。嵇康给这个孩子的告诫是什么呢？

嵇康说，你以后没事不要到上司家串门，实在要去，也要拉着别人一块儿去。走的时候，也千万不要走在最后。为什么呢？因为上司可能会向你打听单位里的情况，你要是说了，说不定就会得罪人；哪怕你没说，人家也会以为是你说的。解释不清了。

别人聊天的时候，你千万不要随便发表意见。实在想发言怎么办？忍一忍。能不说就不说，说了就会招来麻烦。人家要是有争论，你就赶紧走开。因为两个人争论，肯定有对、有不对，你要支持一方，就会得罪另一方。还是赶紧走开为好。如果看到有人交头接耳，窃窃私语，你也要离他们远一点。不然的话，人家就会疑心你听到他们的秘密，说不定就会来害你。

你心里当然有很多看法，这很正常，但是不要说出来，自己想想就好。要是有人问你的看法，甚至故意激你，你也千万不要上当，一定要坚决声称没有任何看法，什么都不知道。

如果不太熟的人请你吃饭，最好别去，编个理由推脱。但真要是碰上了宴会,也不要刻意躲避,那样就显得太不通世故。在宴会上,一定要留心别得罪人。人家要劝你喝酒,你不想喝怎么办?也不要说不喝,要和和气气地端着杯子,做出要喝未喝的样子。

大致就是这样的一些话。

听上去确实有点庸俗,而且跟嵇康的个性也截然相反。鲁迅先生当年正是拿着这篇文章借题发挥,说嵇康内心深处是礼教中人,"对于他自己的举动也是不满足的"。《家诫》里展现的才是嵇康的真实想法,他狷介高傲的举动都是装出来的。

这么说当然不对。

嵇康自己压根不相信《家诫》里的这一套。什么不发表意见?嵇康文集里一大半文章都是在跟别人抬杠;什么不喝也和和气气端着酒杯?嵇康见了不喜欢的人,理都懒得理,还端酒杯呢。在现实生活里,如果有谁像《家诫》那样行事,嵇康见了肯定会撇嘴鄙夷。

既然这样,嵇康为什么还要这么告诫孩子呢?

很简单,因为那是他的孩子啊。

嵇康的《家诫》如果翻译成他内心语言的话,应该是这样的:

我不希望你特立独行,也不盼望你醉世独醒,因为那是很苦的一条路,也是很危险的一条路,我只希望你平平安安,快快乐乐,庸俗而安全地过一辈子。这个世界是危险的,容不得骄傲的人,容不得特立独行的人。我是骄傲的,我是特立独行的,但是我不希望你这样。我可以受苦,因为那是我选择的道路,但是我不希望你也走上这条道路。你要避开世上所有的刀剑,避开路上所有的荆棘。你要好好地活着。

再刚硬的人也会在心头给孩子留下一块柔软之地,再高傲的人也会在心头给孩子留下一块庸俗之地。

因为父母之心的形状,就是这样的。

四

嵇康终究是理想主义者,他给了孩子这么多庸俗告诫之后,还是忍不住留下一点理想和信念的空间。

在《家诫》的开头,他说:"人无志,非人也……若志之所之,则口与心誓,守死无二。"但这个原则在文中一闪而过,很快就淹没在婆婆妈妈的告诫之中。而这些话,更像是一个破敝的方舟。嵇康挖出一个泥潭,然后在泥潭里又辟出一小块净土,让孩子躲在上面稍做呼吸。

怕孩子是龙,又怕孩子是猪。错乱的文字后面,是嵇康错乱的内心。

这又让人想起颜之推的《颜氏家训》。这部家训比嵇康的《家诫》晚了几百年,但是里面的气息如出一辙。颜之推生活在南北朝末期,经历过三次改朝换代,用他自己的话说就是,"予一生而三化,备荼苦与蓼辛"。等他晚年的时候,隋朝建立，天下初定，有了点升平气象。颜之推痛定思痛，写了这么一部《颜氏家训》，算是把自己的人生经验总结给孩子，希望他们能够平安康泰。

颜之推的口吻跟嵇康有点像，也是既怕孩子没良心，又怕孩子良心太好，所以反复强调"生不可不惜，不可苟惜"，但重点还是前半句"不可不惜"。至于怎么"惜"呢？说起来也是《家诫》里的那一套：

做人要处处小心，去泰去甚，不要争强好胜，安全第一。积财千万，不如薄技在身，所以一定要读书。世道这么乱，钱财说不定就没了，但是读书识字到哪里都能混口饭吃。我见过有些人，哪怕做了俘虏，只要会念书写字，就能给人当老师，不用干体力活，所以一定要弄几百本书读读。读书呢，就可能会做官。做官不要做大官，也不要做小官，两边都不安全。做大官容易卷入是非，做小官容易被人当成牺牲品。最好是你前面有五十个上级，后面有五十个下级，这样的位置才最为安全。

颜之推历经忧患，性格已经磨得颇为圆滑。嵇康则是冷眼看世，一身傲骨。两人心性天差地别，但是对孩子说的话如出一辙。这说明不管性格如何，作为父母总是一样的。世上有朋克青年，哪里有朋克父母呢？

但是父母的告诫终归无用。

嵇康的儿子属于叛逆型，完全不听父亲的规劝。嵇康劝儿子不要参加别人的争论，可是嵇绍最喜欢品评是非。《晋书》

里有他的列传，其中一多半的篇幅都是他在讲这不对、那不对。嵇绍有次参加宴会，齐王冏请他给大家弹一曲琴。按照嵇康的教诲，就算不愿意弹，也应该和和气气地拿着琴拨弄两下才是。可是嵇绍不但不弹，反而拿大道理把齐王冏数落了一番，弄得对方大惭。最后呢？嵇绍在政治斗争中坚定地站在落水狗的一方。为了保护晋惠帝，他力战而死，血染皇帝的罗衣。

嗯，嵇康的一篇《家诫》，竟是白写了。

颜之推的儿子更惨。颜愍楚倒是恪守了家训，"去泰去甚"，做了一个通事舍人，职位既没有大到会卷入是非，也没有小到会被随便当成牺牲品。按理说，他应该像父亲的预期一样，平安度过一生。可谁能想到，隋朝又碰到大乱。这次大乱比他父亲经历过的还要可怕。颜愍楚在南阳好端端地乡居，军阀朱粲来了。朱粲一开始是把他招为宾客，后来军队缺粮食，竟把宾客颜愍楚全家当成粮食活活吃掉了。

这一切，哪个父母又能想得到呢？颜之推以为世道再乱，有个读书的一技之长，总能混饭吃，谁知道世道会乱到拿读书人当饭吃的地步呢？

这也是没有办法的事情。对于亲爱者，我们总想给他们指点一条没有痛苦，没有灾难的道路。不盼着他们伟大，不盼着他们光荣，却盼着他们平安。就像有人在钢丝上舞蹈，旁观者会赞叹他们卓绝的技巧，而亲爱者却只担心他们的坠落。爱是会让人平庸的。深通世故如颜之推者如此，桀骜不驯如嵇康者也是如此。但是没有用,每个人终究都要走上自己的道路,去承受自己的命运。哪怕至亲如父子,至爱如夫妻,也只能眼睁睁看着他们用自己选择的方式,和未知的世界迎面相遇。

说到底,他们只是你的爱人,不是这个世界的爱人。

活在童话般的虚拟世界里　　　　李白

一

唐朝诗人里,李白的人际圈子即便不算最大,至少也是最大的之一。人际关系嘛,总免不了拿互相奉承当润滑剂,李白也不例外。而且按照他的性格,说什么都要说得十足加料,所以称赞起来也是信口开河,毫无心理负担。

比如他称赞起韩朝宗"生不用封万户侯,但愿一识韩荆州",这话夸张得不仅李白自己不信,韩朝宗也不会信,但听起来确实热闹;他奉承安州长史裴宽的时候更离谱,一开始说"伏惟君侯,贵而且贤"也还罢了,说着说着就称赞裴宽"齿若编贝,肤如凝脂",听上去倒像是对这个五十来岁的老官僚有什么想法似的,但这就是李白的风格,有口无心,顺嘴恭维,全不能当真。

当然这是人情世故,再说唐朝那个大环境也流行这一套,倒也无足深究。但是李白还有个不同常人之处,就是喜欢自称自赞。大家都知道杜甫夸李白,也知道贺知章夸李白,但是跟李白夸李白比起来,那些称赞就不算什么了。

按照李白自己的说法,他的前半生简直就是一段段的奇迹:他隐居山间,养过上千只奇禽,一招呼就飞到他手里;在淮扬旅游的时候,他不到一年就随手散出去三十万金;朋友死在洞庭湖畔,他徒步负尸,剔骨葬友,情义感天动地;他还碰到过老虎,结果猛虎见了他都不敢近身;再说,他年轻时候还杀过好几个人,"托身白刃里,杀人红尘中",一副豪杰手段。

这些事情到底有没有呢?很难说。听的人似乎也半信半疑。官方史书里并没有采信,但也没人跳出来指责他撒谎。说起来,李白多少也是占了地理的便宜。就拿杀人的事情来说,如果李白说自己在长安城里杀人,那大家无论如何是不信的。但李白是蜀地人,在当时人眼里,那里是有些偏僻荒蛮的,胡乱杀人的事情兴许有可能。再说李白平时动不动就在袖子里藏把匕首,看着也是挺唬人的。反正事情发生在千里之外,李白想怎么说就怎么说吧。

李白最大的才能当然是写诗。在这方面,他是绝对的天才。杜甫的诗也许比他更好,但要论到水银泻地般的语言快感,李白可就是亘古一人,没有第二个人可以和他相比。他确实是中文的娇子与宠儿。

唐朝人是识货的,当然都在称赞他的诗。一般人听到这样的夸赞,多半谦虚几句,或者矜持地笑笑。可那不是李白的做派。他光听还不过瘾,自己也要挤进人群,借别人的嘴夸奖李白写得好:"安州马都督一见,就说我是天下奇才。他亲口跟朋友说:'别人写的东西,都不如李白。李白写得清雄奔放,光明洞澈,真是句句动人啊。'""我的从弟经常问我:'你的心肝是锦绣做的吗?怎么能这样开口成文,挥翰雾散?'我听完哈哈大笑。"

这些称赞固然不差,但是从李白自己嘴里说出来,多少就了有点沾沾自喜的味道。

二

《1984》的作者奥威尔曾经评价过莎士比亚。他说莎士比亚真是了不起的天才,但要说起思想,莎士比亚脑子里的思想跟一袋子破布差不多。奥威尔这番话用在莎士比亚身上并不准确,但要是用在李白身上就没什么问题了。毕竟世上有不少《莎士比亚的政治哲学》之类的专著,可谁也写不出李白的什么政治哲学,因为他压根就没有。莎士比亚的思想可能没有体系,但是李白身上不要说思想体系了,连点体系的渣子都没有。

总的来说,李白的人生观、价值观、世界观都紧紧围绕着一件事:李白可真是个了不起的人啊!当然,他的世界里也有其他人,但是这些人的存在都是为了从各个角度、各个侧面证明李白的高人一等。如果李白的内心世界有中国版图那么大，那么其他人加在一起，占的分量绝不会超过一个海南岛。

在李白看来，自己何止文章写得好，简直就是个无所不能的超人。他是一个伟大的文学家，一个伟大的武术家，一个伟大的政治家，还是一个伟大的军事家。他要做苏秦，配上相印夸耀妻子；他要做鲁仲连，替世界解决一个天大的问题后飘然远去；他甚至还要做仙人，浮五湖，戏沧州，游于八极之表。说到军事，他当然也是有一套的，"安史之乱"爆发以后，他就觉得自己不亚于当年的谢安，可以策划一个新的"淝水之战"，"但用东山谢安石，为君谈笑静胡沙"。

但是他真的为这个世界操心吗？其实也没有。

李白常以乐毅、管仲、诸葛亮自居，"自言管葛竟谁许，长吁莫错还闭关"。至于他的理想，就是"申管、晏之谈，谋帝王之术……使寰宇大定，海县清一"，但寰宇是否大定，海县是否清一，其实他并不在意。

李白真正向往的是自己如何施展手段，达到这种惊人的效果。至于天下的安危、人间的曲直，那就是很次要的事情了。就像对"安史之乱"，李白的评价是"颇似楚汉时，翻覆无定止"，这就很像战国策士的口吻。如果李白真要被安禄山捉住了，恐怕不用上老虎凳，也不用灌辣椒水，他就会投诚，转过头来策划怎么"为君谈笑蔫逆李"了。

他自己没吃过什么苦，对民间疾苦也是无感的。

安禄山叛军攻陷洛阳后，李白往南方逃亡，路上写了一首

《扶风豪士歌》，诗照例写得极其漂亮俊逸，是唐诗中的精品。但如果考虑它的写作背景，就显得有点过分了。诗里一开头也渲染了"天津流水波赤血，白骨相撑如乱麻"的惨象，但笔锋一转就是描写逃亡路上别人如何款待他，"雕盘绮食会众客，吴歌赵舞香风吹"，自己则是"抚长剑，一扬眉""脱吾帽，向君笑"，一副洋洋得意的模样。后来，胡震亨评注李诗的时候，就很不以为然，洛阳已经是何等光景了，还有心做此等快活语！

　　王安石对李白的这种做派也很看不惯，说他"其识污下"。其实李白也不是"污下"，他只是天真到了有点没心没肺的地步。

三

　　李白是天生的诗人，怎么称赞他的诗歌都不过分。只要中文还在，他的诗歌就会在。如果没有他，中国文化的浩瀚星空就会黯淡下一块儿。这就是他的最大价值。这种价值自然超出那些来来往往的政客之上。

　　但他自己并不这么想。不光他不这么想，大部分传统文化人都不这么想。

　　中国的历史上，政治始终是具有压倒性的核心价值。所以传统文化人也有个根深蒂固的意识，文章再好也是雕虫小技，人生最大的价值还是从政。李白虽然对自己的文字得意非凡，但也觉得不做个高官，在政坛施展一下手脚，人生就是失败的。至于他能不能做个称职的高官呢？那是丝毫不用怀疑的！李白这方面的自信心简直爆棚。

其实古代老百姓也是这么相信的。在他们看来，一个人能写出好文字，自然会治理国家。所以《警世通言》里才会有《李谪仙醉草吓蛮书》这样的荒唐的故事。据说，李白一篇华丽的吓蛮书可以吓跑傲慢的敌国，未来的将星郭子仪也是被他从刑场上救下来的。这当然都是无稽之谈，但百姓们就是愿意相信。在他们来看，唐玄宗不让李白当宰相，就是昏君有眼无珠，委屈了李白。

他们有这种想法也不奇怪。中国底层民间有崇拜文字的传统，但并不真的知道文字到底有什么用。人们对自己崇拜而又不懂的东西，就容易有这种感觉。

但实际上，文字能力和政治能力是两回事。李白完全没有处理政治事务的能力，对政治局势也茫然无知。翻看李白的诗文集，也完全看不出他有什么具体的政见，只有"安史之乱"打到一半的时候，他曾建议皇上迁都金陵，北方的国土就不要了。

李白经常抱怨自己怀才不遇，说什么"骅骝拳跼不能食，蹇驴得志鸣春风"，但这是一种幻觉。这个世界上确实有很多怀才不遇的人，可李白绝对不属于此列。他的文才，大家已经给予了高度认可，该称颂的话都称颂了，该招待的酒宴也都招待了，钱上也没亏待他。他走到哪里都是众星捧月一般，还要怎么"遇"呢？至于政治之才，他本就没有，也就谈不上"遇"不"遇"了。

李白曾经两次进入政坛。

第一次是唐玄宗召他为翰林待招。去长安前，李白是洋洋得意，"仰天大笑出门去，我辈岂是蓬蒿人"；到长安后，李白确实得意洋洋，"当年笑我微贱者，却来请谒为交欢"。眼看要走上人生巅峰。

开始的时候，唐玄宗对李白态度不错。终其一生，李白都把这段经历挂在嘴边，不断回味。但是李白只在翰林院待了一年多，就被"赐金放还"。为什么会这样呢？在传说中，是李白让高力士脱靴，高力士怀恨在心，挑唆杨贵妃给皇上进的谗言。这自是小说家言，不足为凭。根据李白朋友魏颢的说法，他是得罪了同僚李垍，被他排挤走的。这个说法更有可能，因为李白实在是太过自我中心，完全不考虑同僚的感受。

他在翰林院的时候，写过一首发牢骚的诗，说"青蝇易相点，《白雪》难同调。本是疏散人，屡贻褊促诮。"而且他还把这首诗"呈集贤诸学士"，学士不够，还要"诸"学士，等于变相的大字报。他的同僚看到这首诗当做何想？——他李白是"阳春白雪"，那"下里巴人"又是在说谁？诗里的"青蝇"又是在说谁？这等于指着鼻子骂人啊。如此一个人，又怎么能够混迹政坛呢？被赶走是迟早的事情。

这次政治经历只能说是一次挫折，李白第二次从政，差点招来杀身之祸。

"安史之乱"打到第二年的时候，永王李璘带兵东下，想要趁乱割据江淮，自成一股势力。江淮是财赋重地，如果真的割据独立，对唐朝会是个致命打击。好在朝廷反应敏捷，很快把永王给镇压下去了。而李白抓住了这个极短的时间窗口，卷进了事变。

要说起原因来，就是单纯的不甘寂寞。

李白本来正在庐山避难，永王派人聘请他，李白觉得卧龙出山的时机到了，欣然前往。其实永王给很多名士都下了聘书，但是萧颖士、孔巢父这些人都觉得风头不对，不肯应聘。而李白毫无察觉，急吼吼地上了永王的船队，准备要大显身手。"诗因鼓吹发，酒为剑歌雄"，真是春风得意，踌躇满志。

他不知道李璘在对抗朝廷吗？他不知道这桩事情危险透顶吗？

恐怕还真不知道。

别看李白自诩为管仲、诸葛亮，其实他政治判断力接近于零。他似乎完全没有意识到李璘在做什么，也没想过朝廷会派兵来镇压。从头到尾，李白都稀里糊涂的，只知道这支船队开得很雄壮，却不知道这支雄壮的船队要去做什么。当然，李璘估计也没跟他说。谁会跟李白商量什么机要大事呢？

结果李白莫名其妙地成了囚犯，眼看要被当成逆党杀头。

幸亏朝廷里有人爱惜李白的才华，为他多方缓颊，这才把案件搁置了起来。江西地方官宋若思从监狱里把他释放，引为幕僚。李白如果安分些，就此躲过劫难也未可知。但是他好死不死，又想到朝廷去做官。这个时候还有如此的幻想，想想也真是匪夷所思。

总之，李白自己动手，替宋若思写了一封向朝廷推荐李白的信：我看李白这个人，怀经济之才，抗巢、由之节，文可以变风俗，学可以究天人，一命不沾，四海称屈。我建议给李白一个京官干干！

朝廷本来正忙于对付叛军，一时间未必能想得起李白。这份推荐信很可能给朝廷提了个醒，原来江西还有个李白没处理呢！结果公文很快下来了，不但没提拔李白当京官，还把他流放到夜郎，大致就是现在湖南靠近贵州的地方。

这当然是晴天霹雳。李白觉得委屈极了，在流放路上，他还写了一首诗体回忆录："空名适自误，迫胁上楼船。徒赐五百金，弃之若浮烟。辞官不受赏，翻谪夜郎天。"按他自己的说法，永王拿"五百金"来收买李白，李白坚决不要，却被硬逼着上了敌人的楼船，但是他坚持立场，还是不接受永王的官爵。

李白生生替自己幻想出一个跟李璘反革命集团做斗争的经历。这跟他以前的诗歌、书信里写的情况完全对不上，但他描写得活灵活现，好像是真的一样。

可能说多了，李白自己都相信这是真的了。

四

李白性格中的某些侧面，让人联想起《生活大爆炸》里的谢尔顿。他跟谢尔顿一样是天才，也跟谢尔顿（至少是早期的谢尔顿）一样，以自我为中心，有种孩童般的天真。最后，他也跟谢尔顿一样，受到周围人的纵容和宠溺。

李白无论走到哪里，都有人招待，有人恭维，有人送钱。要是送得不多，李白还会发牢骚，"赠微所费广，斗水浇长鲸！"就连他闯出"附逆"这样的大祸来，也有高官来保他，崇拜者来安慰他，说是流放夜郎，最后皇帝也会下诏赦他。杜甫说"世人皆欲杀，我意独怜才"，其实哪有此事，李白依旧是走到哪里，哪里的官员名流就围着他盛情招待，从李白的诗集看来，流放之途竟是一路喝将过去。

当然，不肯捧着他的人也有，比如他的第二个太太刘氏。这也难怪，俗话说酒肉朋友，柴米夫妻。朋友毕竟好相处些，可要让妻子天天守着这么一个孩童般的自恋诗人，白天黑夜地听他吹，时间长了很容易疲惫。李白和刘氏最后分手了，中间到底发生了什么，很难搞清楚。但从话里话外的意思推测，多半是刘氏对他的态度就不够端正，缺乏对一个伟人的足够尊重。

李白的反应相当激烈，写诗痛骂刘氏，一会儿是"会稽愚妇轻买臣！"，一会儿是"彼妇人之猖狂，不如鹊之强强！彼妇人之淫昏，不如鹑之奔奔！"，这个架势很有点像后来的

103

李敖老师之痛骂前妻胡因梦。李白这么骂,我们也只能这么听。可惜刘氏不会写诗文,否则说出来的可能就是另外一个版本了。

不过,虽然李白有这种孩童式的自我中心,但也确有人格魅力。或者说,他的人格魅力很大程度上就来源于此。

他自恋,但自恋到了如此清澈的程度,倒没了人间常有的猥琐矫饰。他觉得世界应该围着自己转,但也正因为这样,他对外界不加防范,充满了大大咧咧的善意。他虽然毫无愧色接受别人的馈赠,但也能大大方方地施予,绝不吝啬。李白自称"散金三十万,有落魄公子,悉皆济之",这话多半有夸张,但是那种慷慨豪爽却也不是装出来的。李白有这么多朋友,跟他的性格肯定有点关系。李白毛病虽多,却讨人喜欢。在酒桌上,大家也许要略微忍耐一下他的自我标榜,但是他快活洒脱的劲头还是能吸引他们。

对于李白的诗歌创造来说,他的性格也是一种优势。

在唐诗里,杜甫的诗更沉郁,李商隐的诗更幽婉,李贺的诗更诡谲,但要论到奔流而下的爽朗俊逸,就没有任何人可比李白。如果李白多几分自省的能力,能够认识到事物的真相,也能认识到自己的真相,那么他诗歌的力量恐怕会打上个折扣。正因为他是个孩童式的人,所以才写出那样伟大的诗歌来。

这么一个诗歌王国里的童真国王,居然要去做管仲和诸葛亮,真是让人惊愕。但这也许就是历史的底色。我们是文字的国度,更是一个政治的国度。哪怕是最顶级的诗人,如果没有成为官员,也会觉得自己的人生是失败的。这并非李白一个人的问题,杜甫不也幻想着"致君尧舜上,再使风俗淳"吗?李贺不也叹息着"秦王不可见,旦夕成内热"吗?当文化精英们都把从政当成最高理想时,这个社会的精神世界也就出了问题。

不过李白生活在唐代,还是幸运的。换个时代,他很难有好下场。倘若是宋朝呢?肯定会被那些正经人攻讦撕咬;明朝呢?跟李白比起来,李贽已算是安分了,仍闹个自杀的下场;清朝就更不用说了,像李白这样不识忌讳的人,吹牛还吹不到半酣,就得被发往宁古塔"与披甲人为奴"了。只有在唐朝,人们态度比较从容,心地没那么狭仄,对才华有一分真心的敬重,所以才不会和李白去计较。毕竟,他的诗是真的好啊。

李白一直活在他自己童话般的虚拟世界里——他不知道外部世界对他是何等友善;更不会知道,这友善其实是何等宝贵,何等难得。

开会不在场的后果   张邦昌

一

张邦昌生活在两宋交替之际。

他先是宋朝的大臣，后来被金朝入侵者立为傀儡，做了伪楚的皇帝。在后人眼里，这当然是个人渣。读《说岳全传》，张邦昌在里头相当活跃，不光卖身求荣，还陷害忠臣李纲，让他滚钉板。总之，就是个坏透了的白鼻子汉奸。

但是，真实的历史比这要复杂得多。

张邦昌自然不是什么高尚人物，但也并非那个被符号化的小丑。要说起来，他的经历倒是很容易让人想起小说《羊脂球》。这篇小说大家应该都读过，就算没读过，至少也听说过。

它的大背景是"普法战争"。普鲁士打败了法国，大军长驱直入，有十位巴黎市民坐上一辆马车逃难，其中就有一位绰号"羊脂球"的妓女。马车走到半路上，被侵略军拦下。普鲁士军官非要让羊脂球和自己睡一觉，否则就不放行。羊脂球一开始不肯，结果急坏了车上的其他九位市民。他们连番上阵，晓之以理，动之以情，劝说羊脂球。羊脂球没办法，就和普鲁士军官过夜了。第二天，车辆放行，结果大家并不感谢羊脂球，反而鄙视她，谁也不愿搭理这个和侵略军睡觉的贱女人。羊脂球躲在车厢角落里，想到这些人"先是把她当作祭品奉献给敌人，随后又把她当作一件肮脏无用的东西扔掉"，不由得无声哭泣起来。

故事大致就是这么个故事。为什么会想到《羊脂球》呢？张邦昌当然没有羊脂球那么善良，但是，他们的经历还是有些相似之处。

他们俩都是被大家求着、逼着，塞进侵略军的怀抱，最后又都被大家唾弃。而唾弃他们的时候，大家又都忘了当时的哀求。

说起张邦昌的故事，就得把目光投到"靖康之难"那年。当时，金朝军队长驱直入，攻陷北宋首都汴梁，俘虏了"徽钦二帝"。除了康王赵构以外，赵宋皇室子女基本被一网打尽。除此之外，侵略军还勒索了上千万两金银，抓走了大量男女老少，把整个汴梁城都榨干了。这是一个极其悲惨的年份，可以说是中国历史的一个大低谷，千年之后读起来还是触目惊心。

就在这个凄惨的背景下，张邦昌的故事正式开始了。

侵略军折腾了两三个月之后，觉得该回去了。但是下一步该怎么做呢？金朝人有点拿不定主意。这场胜利来得太快也太容易，他们自己都很吃惊。宋朝太大了，金朝人当时倒没有一口吞掉的打算。但要让赵宋接着统治，就必定会和自己为敌。经过一番斟酌，侵略军临走前做了一个决定：废黜赵宋皇室，扶植一个听话的傀儡皇帝。

这个人当然要是汉人，而且不能姓赵。但不姓赵的汉人多了，该让谁当新皇帝呢？

金人对宋朝的情况并不了解，也不知道谁合适。如果胡乱指派一个，日后不能服众，也很麻烦。于是，他们把球踢给了汴梁城的北宋大臣：你们自己选一个新皇帝出来！大臣们听到这个消息后，都大惊失色。他们向侵略者提出抗议，要求还让赵家人当皇帝。几番来回以后，侵略军翻脸了，说你们必须选一个出来，不然我们就要屠城！

侵略军奸淫掳掠、敲诈盘剥，但毕竟还没屠城。现在这个威胁一亮出来，大家都吓坏了。军队已经被彻底打废了，外面的勤王军一时也指望不上，金人真要屠城的话，那是毫无抵抗能力的。所以，汴梁城的大臣们决定服从，选出一个新皇帝来。

但他们也犯愁，该选谁呢？

现在可不是"陈桥兵变"的时代，没有任何人愿意挺身而出，来吧！给我黄袍加身吧！大家都知道这是一个掉脑袋的事情，而且会担上"汉奸"的千古骂名。大家"相视久之，计无所出"，你看看我，我看看你，谁也不说话。但是金军把话撂在那儿了，这个任务还得完成。怎么办呢？

这个时候，有人出了个缺德主意，既然大家都不愿意当这个皇帝，那咱们选个不在场的人吧！

众人一听，都觉得这是个好办法。但是不在场的大臣也很多，该选谁呢？这个时候，有人在纸上写了三个字：张邦昌。按照他的意思，张邦昌跟金人关系不错，要不咱们选他吧？这个说法到底准确不准确，对于大家来说并不太重要；张邦昌自己愿意不愿意，对于大家来说也不重要。爱谁谁，反正不是自己就行。"好，就是张邦昌！""选张邦昌当皇帝！"最后，有人起草了推戴书。不光文武百官在推戴书上签了字，还找来很多汴梁城的军民代表，也在上面联合署名。这件事就这么敲定了。

由此可见，开重要会议的时候，不在场是要吃大亏的。

那张邦昌是谁呢？

他是宋朝的资深官员，最高职位做到过太宰。当年金兵第一次围城的时候，他和康王赵构一起，被送到金营当人质，差点掉了脑袋。但是因为这段经历，他跟金朝高层打过交道，算是有点交情。两次战争的间隙，他还担任过河北割地使这个倒霉差事，负责落实卖国条约。总之，大家把倒霉事儿扔他头上都扔习惯了。这次也不例外。

此时此刻，张邦昌再次作为人质，被扣押在金营里。他正忧心忡忡地思索朝廷、汴梁以及自己的未来。张邦昌丝毫没有意识到，自己马上就要当皇帝了。

这一点跟《羊脂球》不太一样。和侵略军睡觉可以说是丧失气节，当傀儡皇帝当然更是丧失气节。但是在小说里，侵略军军官主动看上了羊脂球，要和她睡觉。而在"靖康之难"的时候，张邦昌却是被大家票选出来，塞进侵略军怀抱的。

二

张邦昌愿意不愿意当这个皇帝呢？

他一点都不愿意。要说起张邦昌的政治倾向，确实属于主和派，但主战、主和只是对时局的看法不同，张邦昌绝没有投靠侵略军当皇帝的念头。而且从头到尾，他也不知道这事，完全被蒙在鼓里。

那场选举会开了差不多半个多月以后，金军把他送回了汴梁。就在出发前，金军才忽然告诉张邦昌，你已经被大家选为新皇帝了！大家的推戴书已经在这里了，你看看吧！

张邦昌做梦也没想到会发生这样的事情。他大惊失色，坚决不干，说如果非要我当皇帝，我就当场自杀！金朝人不知道怎么劝他，也没有这个耐心去劝他，就敷衍说，那就让宋朝太子登基当皇帝，你当宰相来辅佐他。

就这样，张邦昌才被送回了汴梁城。

金朝人是骗他的。其实他们把劝服张邦昌的任务，交给了汴梁城的宋人。金军威胁说，如果张邦昌死了，那你们看着办！如果张邦昌不当皇帝，你们也看着办！

张邦昌很不配合。

他一听说还要当皇帝，就要拿刀自杀，结果刀被大家抢了下来。大家围着他又哭又拜，求着他当皇帝，说现在实在没办法，只能采取这个权宜之计，以救满城老小。张邦昌还是不肯，躺在床上，宣布绝食。这下，大家更着急了，跑到张邦昌床头劝说他，张邦昌实在气不过，说你们都怕死，结果趁我不在，把这件事栽到我头上，这不是害我吗？我答应这事儿，不是找死吗？

张邦昌不肯当皇帝，侵略军那边又不停地来催。大家只好敷衍，说还在做张相公的工作。最后金朝人不耐烦了，下了一道最后通牒，三天内，张邦昌不同意当皇帝，我们就屠城！

这下大家吓坏了。怎么办呢？在莫泊桑的小说里，那些乘客轮番劝说羊脂球上侵略军的床，甚至连修女都跳出来，说什么"只要动机是纯洁的，看上去很羞耻的事情也会变得高尚"。现在汴梁城的人们也是用同样的口气劝说张邦昌。

不光官员们劝说，汴梁城里耆老群众也发动起来了。按照《三朝北盟会编》里的说法，甚至连和尚、老道们也都赶来了。乌泱泱的一大群人，轮番劝说张邦昌。有的人是好言劝说，你先糊弄一下金人，等他们走了，张相公你是想当伊尹，还是想当王莽，还不是自己说了算吗？有的人是进行道德谴责，你在城外怎么不死？非要进城了搞这一套？你死了，汴梁城的人怎么办？

这么多人红脸黑脸一起上场，张邦昌顶不住了。他本来性子就偏软,当初大家选举他,可能多少也是吃准了他这个毛病。现在他也没有毅力坚持下去,最后他终于答应了,说我这可是拿九族的命,来换你们的命啊!

张邦昌的肠子估计都悔青了,少开一次会的后果,就是这么严重。但是,哪怕在最后一刻,张邦昌还在做垂死挣扎。登基大典那天,一早上他就开始哭,被大家架上马以后,他一路上还在哭。哭着哭着,他假装昏倒,"佯为昏愦欲仆状",想来是盼着出现奇迹,让自己蒙混过关。结果周围机警的群众并没有放过他,还是把他一路架弄到了登基仪式上。

金朝使节过来宣布册书:"册命尔为皇帝,以理斯民,国号大楚,都于金陵。自黄河已外,除西夏新界,疆场仍旧,世辅王室,永作藩臣!"

张邦昌朝着北方下拜,接受册命。

张邦昌成大楚的皇帝了。换成《羊脂球》的语境,就是上了侵略军的床了。

三

张邦昌虽然当了皇帝,但是他拼命用一切手段表明自己并不是皇帝。

仪式上,大家向他跪拜,他马上侧过身子,面朝东立,表示大家不是在给我磕头,而是给皇座磕的;搬进皇宫以后,他不登正殿，在大内的门上贴上封条，题字"臣张邦昌谨封"；说话的时候，不说"朕"，而说"予"，诏书不叫诏书，叫"手书"；平时也不穿皇帝的衣服，穿上普通衣服跟大臣开会，大家也互相以名字相称，等金朝使节来的时候，他才赶紧换上皇帝的衣服出去招待；有马屁精管他叫"陛下"，张邦昌马上很严肃地说，不要这么叫，让人听到了不好！

总之，一切都做得很小心。

当然，他是傀儡皇帝，就要讨好金朝。张邦昌对侵略军确实毕恭毕敬，表示自己是大国的附庸。金人洗劫府库，抢掠宗庙，他也没什么办法，只能干看着。

但是，他还是为汴梁城讨回了一些利益。

金人勒索的财物太多，张邦昌就一再恳求他们，说家底如果全部上交，大楚就无以立国。金人也觉得搜刮不出太多油水了，也就顺水推舟，卖给他个人情，把缺口部分豁免了。张邦昌还亲自到金营里，提出七项请求，其中第一条就是保护赵宋皇室的陵寝。金人答应了。张邦昌还递交了一份名单，要求把一些被扣押的大臣释放回来。这个名单没有什么特别明确的倾向性，里面既有孙觌这样的主和派，也有孙傅、张叔夜这样的主战派。金人部分地答应了这个要求，连官员带老百姓，放回了几千人。至于孙傅、张叔夜他们，金人不肯放。张邦昌多说了几句，对方勃然大怒，有翻脸的意思，张邦昌"惧不能对"，此事只好作罢。

不管后来人们怎么痛骂张邦昌的僭逆，但回到当时的现场，大家还是承认，张邦昌确确实实在努力，想减少一些损失，多救出一些人来。

不过张邦昌最渴望的，还是赶紧把金军送走。他恳求金军五天内班师回国。金军高层早有撤军之意，但他们又害怕都撤走了，大楚这个傀儡朝廷站不住脚。他们就表示，可以留下一部分军队帮助张邦昌稳定局势。张邦昌坚决不要，让人说了一堆客气话，什么南北风土不同，上国大兵很劳累了，到时候再生了病，反而不美。金人看他这么笃定，也就把军队全部撤走了。

从这里就能看出来，张邦昌并没有当傀儡皇帝的意思。如果他真想卖国求荣，当大楚皇帝，绝对不会让金军全部撤走。全撤走了，自己这个傀儡怎么坐得稳江山？张邦昌恳求金军五天内全部撤走，只是因为他根本就没有坐江山的打算。他跟汴梁城里的人一样，最大的心愿就是把这帮瘟神赶紧送走。

四月一日，金军如期全部撤走，临走时把俘虏也全都带走，其中就包括"徽钦二帝"。这一天，张邦昌带着大楚官员们前去送行。面对金人，张邦昌还是穿上了皇帝的法服，但是他选择了白色衣服，以示哀悼。城外设立了香案，大家都号啕大哭，送别往日的皇上。张邦昌自己也痛哭流涕。

他难过吗？看到那个凄惨的场面，他肯定是难过的，但是这份难过里，肯定也掺杂着一丝恐惧。事情发展到了这一步，自己该怎么做才能全身而退呢？

四

侵略军撤走以后,张邦昌观察了几天,没敢轻举妄动。他还发布了一份公告,让勤王军不要到汴梁来。后来很多人拿这件事做由头,说张邦昌心怀叵测。还有人说,金兵已经走了,他还在位子上赖了好多天,其僭逆之迹昭然。这种诛心之论就过于苛刻了。其实看看当时的形势就知道,张邦昌这么做,主要是担心刺激金兵。他自己也解释过,敌人刚刚撤走,还没有渡过黄河,他们的殿军万一杀个回马枪,可就麻烦了,等他们往北走远了,危险减少,我又怎么敢老占着这个位置?

公平地讲,这个解释大致应该是真实的。

等侵略军稍微走远了一点,张邦昌就行动起来了。他找来元祐孟太后,也就是赵构的伯母,让她来垂帘听政。接着,他又写信给康王赵构,请他登基。

这封信写的凄凄惨惨,表白自己的一片忠心,说自己绝对没有僭越之意,实在是汴梁城里的人为了寻找活路,才硬是嫁祸给他,"城中之人相与逃死,乃嫁大祸于一身",自己万般无奈,只能和敌人虚以为蛇,也无非是为了国家,为了社稷,现在敌人已经撤退,请您赶紧回来主持局面!

跟着信一起送过去的,还有传国玉玺。就这样,张邦昌只当了三十三天皇帝,又重新变回了宋朝的太宰。

在这个过程里,也有大楚的官员劝说过他,现在骑虎难下,只能一条道走到黑,否则的话,到时候再后悔可来不及了！张邦昌对这种大逆不道的话，听都不要听。他收拾行囊，动身到赵构那里迎驾去了。

其实从个人利害角度考虑，那位官员说的也有道理。在古代，皇位是绝对的禁忌。不管以任何理由，僭越了宝座，都会被清算。否则别人指指点点说，"这是故天子"，你让新皇帝怎么想？张邦昌是个老官僚，肯定明白这个道理，但他还是选择了这条死路。

这又是为什么呢？

这倒未必是他对赵宋皇朝多么忠诚，把自己安危置之度外。他没那么高尚。要说动机，可能最主要的动机就是恐惧。大家几乎公认张邦昌是个胆小软弱的人。他的同僚背后评价说其"小胆怕事特甚"，就连赵构也说过张邦昌"小心畏谨慎"。要说他挺身而出，支撑危局，那是高估了他的胆量；要说他想当卖国贼，想当儿皇帝，那也是高估了他的胆量。他既没有以身饲虎的情操，也没有火中取栗的勇气。

当然，张邦昌倒也不是没天良，看见国家涂炭的样子，他也知道难过。要是有机会做点好事，救救时局的话，他也会去做。但更多的时候，他就是为了自保。可惜生逢乱世，越是这种软弱的性格，往往越难自保。张邦昌不由自主地被别人推着走。当初周围人逼着他当傀儡皇帝的时候，他没有勇气真的拒绝；而当了伪楚皇帝以后，他也没有勇气真的一条道走到黑。

到了这个时候，理智已经告诉他，自己恐怕要死，但是情感上还是存在侥幸心理。张邦昌多半还是存在幻想：我表现得这么忠心耿耿，做事做得这么小心，当初又是汴梁人逼我当的皇帝，那么大家说不定也会体谅我吧？说不定总会有人帮我说句公道话吧？说不定赵构真的会放过我吧？

这也是人情的常态。

大部分人都不会完全相信自己的理智，他们会有一种"hopeful thinking"，盼着有个万一，盼着有个例外，盼着一切都往好的方向发展。哪怕一把刀伸过来，也会给自己说宽心话，兴许，这是给我刮胡子的？

五

但是情况没有往好的方向发展。

一开始，赵构表现得很大度，在回信说，"九庙之不毁，生灵之获全，相公之功，已无愧于伊周矣"，把他捧得很高。后来两人见了面，张邦昌跪下嗷嗷大哭，赵构赶紧让人把他扶了起来。张邦昌就仔细讲述汴梁被围的始末情由，讲得一把鼻涕一把泪，赵构听了很动情，也跟着掉眼泪。这时候，两个人显得很有点共度患难后的情谊。要说起来，赵构此时未必有什么别的心思，他可能真的挺感动，觉得张邦昌这个人蛮不错，虽然上了贼船，但心还是红的。

可是等形势稳定下来以后，情况就不同了。

在《羊脂球》的故事里，车辆放行以后，大家的心态也就变了，越来越觉得这个和侵略军睡觉的"婊子"不要脸了。现在也是如此，等到赵构登基坐殿以后，大家也越看张邦昌越碍眼，我们满朝忠义，正要复兴大宋，要这个伪楚皇帝挤在人堆里干什么？

爱国大臣李纲首先发难，要求处死张邦昌。李纲定的调子很高，他说不杀张邦昌，就会寒了大家的心，我要是在朝廷看见他，就要拿朝笏打他！要是皇上不肯杀他，那就请罢免我！李纲还列举了张邦昌的罪状，其中有一条很有意思，他说张邦昌身为大臣，当初要是坚拒让他当皇帝的要求，死给金朝人看，那么金朝人在正义的感动之下，说不定就会放弃建立伪政权的想法，让赵家人接着当皇帝，可是张邦昌没有这么做。

都说历史不能假设，但李纲非要这么假设，别人也不能说这个可能性一定不存在。既然这个可能性存在，那张邦昌简直就是颠覆赵宋的元凶巨恶了。

李纲确实是爱国义士，对张邦昌这种性格软弱的人本就鄙视，对他不守君臣大义的行为更是无比憎恨。而且李纲当时不在汴梁城内，属于旁观者的身份，他这么说完全可以理解。但问题是，留在汴梁城里的那些官员们，口气也变了。

当初领头逼着张邦昌当皇帝的有三位大臣，其中之一就是吕好问。赵构就问吕好问，你在城中，知道得比较详细，那你说说张邦昌是怎么回事吧。

吕好问并没有说，哎呀，这事也不能全赖他，当初是我们逼着张邦昌当皇帝的，我们说你再不答应，敌人就要屠城！

到时候你要负全部责任！相反，他支支吾吾说得很含糊，最后来了句，"邦昌僭窃位号，人所共知，既已自归，惟陛下裁处"。

看，事到临头，并没有人复原现场，大家最关心的都是撇清自己。

结果，赵构把张邦昌贬到了湖南潭州安置，让地方官严加监视。这还只是个开头，没过多久，朝廷就开始紧锣密鼓，搜集他的罪状。汴梁城留守司承担起了这个任务，调查张邦昌当伪楚皇帝期间的所作所为。留守司的这些官员，当年多半也参与过劝说张邦昌的活动，现在情况不同了，他们起劲地追查这个落水狗的丑恶行径，结果找出了好几条罪证。比如他穿赭袍，履黄袔，而这是皇帝专用的。而且某位后宫夫人还把张邦昌拉入福宁殿，将养女送给了他。

这些事情有些是语涉暧昧，有些则是事出有因。比如穿赭袍之类的，那是应付金国使节的面子活，大家都知道。可现在谁也不替他辩白，都一脸嫌弃，这个败类，真是可杀不可留！

赵构原来留着张邦昌，多少也是为了应付金朝，现在看已经没这个必要了。张邦昌就是个政治上的包袱，留着只会给自己丢人，于是，赵构看到调查报告后，表现得也很愤怒，派人到湖南把张邦昌赐死。

张邦昌临死前，非常委屈，据说叨叨叨对着钦差说了一大堆。史书上没有记载他说的什么，但我们想也能想得到，哎呀，不是我要当的呀！是他们逼着我要当的呀！开会的时候我不在场，吃亏了呀！穿赭袍是没办法的事情呀！我一直小心翼翼地呀！我是忠心耿耿的呀！

但说这些有什么用？

大家都看着他碍眼。他只要还活着，就让人联想到那段丑陋的日子，不如彻底勾销的干净。卖国贼就是卖国贼，伪皇帝就是伪皇帝，有什么委屈的？

张邦昌哭哭啼啼地上吊了。

要说起来，他跟羊脂球不完全一样。在小说里，羊脂球善良到了让人心疼的地步，而她的道德感也超过了马车里的任何一个人。张邦昌当然不是这样，他答应当皇帝，恐怕也不是为了拯救汴梁，他后来交出皇位，恐怕也不是出于忠诚。说到底，主要就是软弱。而且，他也确实有历史污点，对金人始终有点软骨头相。在严肃的主战派看来，这已经是死有余辜了，何况又当了伪皇帝呢？

但是平心而论，张邦昌还真不是刘豫那样的汉奸。刘豫是后来伪齐的皇帝，他是真心想投靠金国，灭掉赵宋，当一个儿皇帝。这种确实是民族败类，没有什么可说的。但是张邦昌的情况不一样。他确实是被人逼着走向皇位的。

要说他和羊脂球的相似之处，主要就是周围人的反应。当初汴梁城里那些人，逼他逼得那么紧，劝他劝得那么恳切，还一再保证大家日后都会谅解你的。可是时过境迁之后，并没有看到汴梁城的人替他说话。就连昌好问这种有点同情他的人，也在撇清，"僭窃位号，人所共知"，就好像张邦昌的僭窃里，没有他们的一份功劳似的。而那些起劲调查张邦昌罪行的官员里，恐怕也有当初热心劝说他当皇帝，以避免屠城的人吧？

  张邦昌临死前，多半会回忆到当初的那一幕。那么多人聚在他床头，一脸恳切，张相公！快起来啊，穿黄袍啊！全城都指望你了！别怕，以后我们会帮你解释的！这么多人都能给你作证，你还怕个啥？

  怕啥？

  怕你们说了不算啊。

并不昏庸的"奸君"　　　赵构

一

南宋初期的历史主要围绕着三个人展开：赵构、秦桧和岳飞。其中居于核心地位的是赵构。

在很多人的印象里，赵构是个昏君。小说演义里把他说成一个无能之辈，耳朵根子还软，被秦桧玩弄于股掌之上。传统派史家对他的能力评价也很低，比如王曾瑜老师写了一本关于赵构的书，名字就叫《荒淫无道宋高宗》。但是，这些说法并不完全准确。道理很简单，一个昏庸无能的人，一个单纯荒淫无道的人，怎么可能熬过那段乱世，开创南宋王朝？

实际上，赵构这个人一点都不昏庸。不但不昏庸，而且极其精明，智力远超常人，政治能力也相当强悍。

这跟他的经历当然有关系。

"靖康之变"后，他一度被送到金营里当人质，而且宋朝这边也没把他当回事，一边把他送去当人质，一边派军队去偷袭金营，害的赵构差点掉脑袋。后来，汴梁城破，赵构的兄弟姐妹、妻子女儿被尽数抓走。他碰上天大的好运气，正好不在城内，这才躲过灾祸。等他登基称帝以后，又碰到"苗刘兵变"，结果被手下将领捉起来，废掉皇帝，关进寺庙里，险些性命不保。等他好不容易熬过兵变，金国又发动"搜山检海"，万里迢迢地追杀他。赵构像受惊的兔子似的，一路狂奔，就连元宵节都是在汪洋大海上度过的。诗人陈与义写诗说，"初怪上都闻战马，岂知穷海看飞龙"，指的就是这段故事。

最惨的时候，这条"飞龙"连饭都没得吃。

祥符寺的和尚送给他五个炊饼，他一个人吃掉三个半，后来看了看身边面露饥色的随从，没好意思吃第四个。要说起来，这样的经历，恐怕也只有南明的永历皇帝遇到过。永历皇帝也是被追得四处逃窜，据说在腾冲的时候吃不上饭，村民给他送了点炒饵块，他干掉了整整一盘子，还说，这真是救了朕的驾了！因为这个小故事，云南的炒饵块也就被称为"大救驾"。

经历虽然类似，但结果却大不相同。永历皇帝被俘获后活活绞死，可赵构最后却能收拾残局，稳定局面，开创了南宋王朝。

为什么赵构能做到这一点？

这里面当然有很多客观原因，比如赵宋天下不像明末那么破败，而金朝的统治技术又远逊满清。这些因素确实很重要，但是也不能完全否认个人能力的作用。

赵构颇有政治手腕。

一开始他的确有点发懵，面对朝局手足无措。但是过了政治学徒期之后，他渐渐学会了识人、用人，驾驭将领也自有一套本领。而且赵构目的意识超强，清楚地知道自己想要什么。宋史专家虞云国先生在《南渡君臣》一书中就说，赵构不仅在南宋，甚至在整个宋代，都是最擅长权术的皇帝，其政治智商绝对应该高看。如果把赵构和崇祯易地而处，赵构的大明不会亡得那么快，而崇祯的南宋恐怕也不会活得那么久。就政治能力而言，崇祯真是拍马也赶不上赵构。

现代读者受传统叙事的影响，大多觉得赵构畏金如虎，明明能打赢的时候他也吓得腿肚子发软，是个怂包。这个印象不能说没有道理，但也不完全准确。赵构确实倾向于高估金人的军事能力，这也跟他个人经历有关。"靖康之变"前，他作为亲王被送去做人质。然后就发生了姚平仲劫寨的事情。姚平仲带领的军队乃是宋朝的精英部队，可就在赵构眼皮子底下，它被金兵轻而易举地解决掉了。这件事给赵构留下深刻印象，让他意识到两国军力的差距，"恐金症"也就此扎下根儿来。

但公平地讲，赵构也不是一味"恐金"。"靖康之变"时，宋军战斗力的确不济，但是在建炎年间，南宋军队经过多年摸爬滚打，和金军的差距已经缩小了很多。随着双方力量的此消彼长，赵构也会调整看法。

比如说岳飞取得"郾城大捷"之后，赵构就一度觉得金人不过尔尔。完颜宗弼率主力军侵入淮西，赵构还策划搞一个"布袋阵"，口口声声要"剿除凶渠""擒杀兀术"，全歼敌人的主力军。但事实证明，赵构低估了金军的机动能力，"布袋阵"宣告破产，淮西战役遭到挫败。在这件事上，赵构就不是畏敌如虎的投降主义，反而显得过度乐观。所以说，大家指责他胆小懦弱，畏金如虎，也不完全是实情。

那么，这里就产生了一个问题。既然如此，岳飞在中原取得进展以后，赵构为什么不让他继续深入，而是要召回他？

这里面当然也有很多因素，但主要还是跟赵构的战略意图有关。

首先，赵构不是一个有理想、有抱负的君主。只要能优哉游哉当皇帝，统治半个国家和一个国家，对于他来说，没有什么本质区别。其实从个人生活体验来说，确实也没什么区别。

除此之外，还有一个非常重要的考量，就是他对局势的判断和岳飞完全不同。从某种角度说，他其实更现实一些。

岳飞是胸有理想的爱国者。他虽然未必真打算"直捣黄龙府"，但收复汴京的打算是有的。但是，从现实局势出发，岳飞最远能推进到哪里？赵翼在《廿二史札记》里推测，岳飞最多能收复河南、陕西，再远就不行了。王夫之的看法也差不多，他认为，"尽南宋之力，充岳侯之志"，也不太可能越过黄河，收复河南、陕西就算到头了。

岳飞最多能推进到黄河一线，这差不多是历代史论家的共识。

但是赵构恐怕并不想推进这么远。他心目中的最终边界，应该就是到淮河、汉水。淮河以南的土地，他相当看重，所以才要在淮西搞"布袋阵"，对完颜宗弼予以迎头痛击，但是对于淮、汉以北的土地，他并无多少兴趣。后来签订第二次《绍兴和议》的时候，他很痛快地割让了唐州、邓州。在主战派眼里，这自然是割地辱国。但对于赵构来说，这更像是战略收缩，把有限的兵力用在更有效的防御线上。

赵构的想法未必没有道理。因为即便倾南宋之力，在短期内把战线推进到黄河，那么——这条战线能守得住吗？

恐怕很难。

黄河不像淮河流域，它缺乏密集的支流，地势又过于平坦，很考验机动性，没有足够的骑兵很难守住。岳飞手下的"背嵬军"也只有八千多匹马，很难在黄河一线和金兵长期抗衡。当年战神般的刘裕大举北伐，灭南燕，灭后秦，击败北魏，几乎占领黄河以南全部土地，但最后也还是放弃了。

历史上南北王朝的交界线都是在淮河、汉水一带，这是有现实原因的。

所以从这个角度看，赵构的算盘打得也未必全错。经过几次大战以后，南宋和金朝签订了第二次《绍兴和议》，南宋称臣、输款，双方疆域限定在"淮河-大散关"一线。这当然很屈辱，但是双方对峙的格局确实稳定下来了。钱大昕就说这次和议"以时势论之，未为失算"。

在整个和战过程中，赵构的表现并不低能。他知道要拉拢岳飞。看看赵构当时写的御旨就知道，他在岳飞面前把姿态放得很低，几乎不像君主在对臣子讲话。他也知道和谈最终要靠实力，所以才一心要打几场漂亮仗，再拿着胜利果实到谈判桌上当筹码。赵构智商在线，绝对不蠢，我们能明白的道理，他都明白。

智商归智商，人品归人品。要是把赵构当成一个具体的人来看待，那他真的是个天性凉薄的冷血之人。山河破碎，家国沦陷，他的妻子女儿、父兄姐妹也都被金人抓走，忍受着难以想象的屈辱，可是赵构却完全没有愤激之心，复仇之志。

王夫之在《宋论》对他有一段剥皮论骨的评价："忘父兄之怨，忍宗社之羞，屈膝称臣于骄虏，而无愧怍之色；虐杀功臣，遂其猜防，而无不忍之心；倚任奸人，尽逐患难之亲臣，而无宽假之度。孱弱以偷一隅之安，幸存以享湖山之乐。恡滞残疆，耻辱不恤，如此其甚者，求一念超出于利害而不可得。"

王夫之并没有冤枉他，赵构确实如此，"求一念超出于利害而不可得"，凉血到了难以想象的程度。不过，正因为他如此凉血，反倒没了思想上的包袱，轻装上阵，战略规划上显出相当的精明。

二

岳飞完全是另一种人。

他被公认为英雄，就像秦桧被公认为汉奸一样。当然，也有人做过翻案文章，认为岳飞的战绩是被严重夸大的。这种异议也不能说全无道理，因为人们耳熟能详的很多岳飞故事，都出自他孙子岳珂编写的一部书《金佗稡编》，缺乏其他资料的佐证。比如金人感慨"撼山易，撼岳家军难"，最早就是《金佗稡编》里说的，后来被《宋史》采用；再比如岳飞北伐时取得"朱仙镇大捷"，以五百骑破十万拐子马，也是《金佗稡编》里说的。就连非常钦佩岳飞的王增瑜老师也认为，岳珂写朱仙镇之战确实有含糊和离奇之处，不可深信。

孙子写爷爷，有所美化也能理解。但就算把这些可疑之处都排除掉，基本事实还是清楚的——岳飞确实在北伐时打了胜仗，岳家军的战斗力确实是南宋第一，岳飞也确实是唯一一个进攻型的南宋大将，在危急之际，他也确实起到了中流砥柱般的作用。而且，岳飞的私人品格也确实没问题。当年秦桧整理他的黑材料，也没整出什么个人生活的劣迹。

但是岳飞人品没问题，不代表他性格没问题。说到这里，就要顺便说说历代对岳飞的评价问题。现在一说岳飞，都知道是伟大的民族英雄，但是他并非一开始就有这么高的历史地位。总的来说，他的评价是逐渐升高，在明朝达到巅峰。推想起来，也许跟《岳武穆精忠传》之类的演义小说流行起来有关。明朝人普遍把岳飞当成完人，甚至奉为神明。朝廷也很给面子，封岳飞为"三界靖魔大帝"。

但是在南宋的时候，大家并不这么想。这就是所谓的距离产生美吧，南宋人不会觉得本朝某个将领会是什么完人，或是什么"靖魔大帝"。他们评价起岳飞来，往往一边称赞，一边做小小的批评，而这些批评都集中在他的性格上。比如朱熹就说："若论数将之才，则岳飞为胜，然飞亦横。"

实事求是地讲，"横"这个评价并不过分。岳飞脾气确实比较大，说起话来有点随心所欲。就拿韩世忠来说，跟岳飞算是关系不错了，可岳飞发脾气的时候，也会对手下说，张俊的张家军，一万人就能把他们都干翻！韩世忠的韩家军，连一万人都不用！这话传到人家耳朵里，肯定会生气。

当然，这还是小事，关键是他对朝廷也发脾气。演义小说里总是把岳飞说成俯首帖耳的愚忠型人物，实际上并不是这样。比如他和朝廷有过一次争执，岳飞直接撂挑子，回庐山守孝去了。赵构几次给他写谕旨，语气要多客气有多客气，甚至有点低三下四，可岳飞始终不买账。最后赵构没办法，派岳飞的两位副手上山劝驾，暗示说如果别无选择，朝廷就只能换将，岳飞这才下山。

更严重的一次冒犯，则是岳飞写奏章劝说赵构立储，他甚至当面把奏章念给赵构听。在这件事上，岳飞并无私心，确实是在为国家稳定考虑。但一个手握十万重兵的大将，就不该触碰这种敏感的政治话题。这话宰相能说，大臣能说，甚至老百姓也能说，但是领兵在外的大将就不该说。南宋大臣普遍觉得岳飞这么做太过分，赵构当然就更加敏感。他在"苗刘兵变"中留下了心理阴影，本对将领们有强烈疑忌。当然，我们会觉得，岳飞精忠报国，怎么会谋反？但身处局中，赵构又怎会像我们这样笃定？

所以也就渐渐有了杀心。

等到宋金战争缓和下来以后，赵构先后做了两件事，第一件事是削兵权。

这次削兵权范围很广，连韩世忠、张俊他们也都没跑掉。说到这儿，顺便再说一句，为什么赵构急于和金朝谈和，不愿北伐？有人认为他怕胜利后，接回"徽钦二宗"，自己就得靠边站。文徵明有首很有名的《满江红》，说的就是这个理由："岂不念，疆圻蹙；岂不念，徽钦辱，念徽钦既返，此身何属？千载休谈南渡错，当时自怕中原复！"

文徵明知道明英宗"夺门之变"的故事，所以才会有此想法。可是"夺门"本就是奇迹般的事情，很多特殊因素凑在一起才碰巧发生。如果回到南宋那个时代，这个可能性基本不存在。北伐若是成功，赵构建立不世功业，"徽钦二宗"返回来，就是当年"安史之乱"后李隆基的翻版。无非是找处冷宫，把这两个丢人现眼的家伙装起来也是了。按照赵构的个性，多半用不了多久，这两个人就会悄悄死去，从而一劳永逸地解决这个问题。

真正的问题不在于此，关键是赵构不相信北伐能成功。就像前面说的，他脑子里的边疆就是淮河、汉水一线。此外的领土他没有多大兴趣，也不觉得能守得住。此外，赵构也不放心手下的将领。在他看来，这些人随时可能反噬，必须把他们的兵权削掉。

削兵权并不是赵构一个人的念头。不熟悉历史的读者可能有个误解,以为只有秦桧这帮坏蛋主张削岳飞的兵权,其实并非如此。整个朝廷,无论是主战派还是主和派,都觉得兵权该削。在他们看来,军队当然要拿在国家手里,都弄成韩家军、岳家军、张家军,成什么样子?

但是主战派有个错觉。他们觉得削兵权以后,枢密院文官们掌握军队,战斗力不但不会下降,说不定还能提高。我们完全可以一边主战,一边削兵权!这就是文官们的职业幻觉。赵构毕竟是个聪明人,也不是文官,所以没这个幻觉。他知道削兵权的结果一定是战斗力下降,但是他愿意接受这个代价。

既然如此,只有尽快媾和,不需要打仗了,才能够放手削兵权。很多人认为赵构削兵权是为了讨好金人以求和。其实这是把因果给弄反了。他不是为了讨好金人才削兵权,而是为了削兵权才讨好金人。

第二次《绍兴和议》以后,赵构马上开始削兵权。张俊、韩世忠、岳飞都老老实实交出军队,毫无抵抗。从这里就能看出来,这些大将桀骜不驯容或有之,但要说他们是"军阀",就冤枉他们了。

削完军权以后,赵构对岳飞做了第二件事,就是把他杀了。

岳珂说这是金朝害怕岳飞,要求"必杀飞,始可和"。这个说法恐怕不对。岳飞被杀是在签署《绍兴和议》之后,不存在"先杀、再和"。岳飞靠边站确与《绍兴和议》有关,但岳飞之死却只是因为赵构单纯地想杀他。

杀岳飞的原因其实很老旧,跟路线斗争关系也不大,说白了就是传统的猜忌功臣。俗套得不能再俗套的剧情。岳飞对赵构有过冒犯,中间又妄谈立储之事,勾起了赵构猜忌的杀心。金国人拘囚其父兄,奸污其妻女,赵构能忍;但是岳飞稍"横",则断不能忍。

于是,岳飞就这样被杀掉了。

温瑞安的小说里,有个以屠剥拷打为能的人物说过一句话——这个人是英雄,英雄生来就是供我们折腾的。

岳飞是个英雄,他就是供赵构、秦桧这样的人物折腾的。

三

那么秦桧又是什么人呢?

总的来说,他有点像是一位专门替赵构干脏活的。

就拿处理岳飞这件事来说,秦桧就是个"白手套"的角色。当时文官集团赞成削兵权,但提到杀岳飞,他们就有点不以为然了。比如御史中丞何铸负责审理岳飞一案,结果进行到一半,他却反过来替岳飞鸣冤。

这个时候,秦桧的"白手套"功能就显现出来了。赵构不碰这种脏活。他始终和"岳飞案"保持一定距离,让秦桧冲杀在前。岳飞被处死的时候,赵构甚至都没下圣旨。一直到半个月以后,秦桧才"倒填"了一份圣旨。结果到了今天,有些学者据此认为岳飞之死是秦桧的意思。其实以赵构的精明程度,这怎么可能呢?秦桧自己私下就对何铸交过底,"此上意也"。

赵构不出头,无非是给自己留份余地,日后可以说一句:"我就是被秦桧蒙蔽了!"人们都愿意把皇上想象成一个糊涂的好人,干坏事也是上了奸臣的当。皇上也愿意让群众保持这个幻觉。赵构宁愿被认为是昏君,也不愿被认为是恶毒的坏蛋。这不仅仅关系到个人形象,也牵涉日后政策的弹性。被秦桧蒙蔽了可以改,自己坏怎么改?

"岳飞之死"当然是个悲剧,但它不是一个孤立事件,而是新时代的序幕。

当年文官们对岳飞表示同情,也不单纯是出于正义感。他们多少也嗅到了时代改变的气息,因而产生了恐惧之心。宋朝没有杀大臣的传统。岳飞已经做到了枢密副使,按照惯例,如果没有证据确凿的大逆不道行为,他是不可能掉脑袋的。对朝野上下而言,这都不是个好兆头。它预示着一个更加严酷时代的到来。

事情果然如此。岳飞死后,南宋舆论空间迅速收紧。朝廷禁止私人撰写野史,鼓励民间互相告发,大家只需歌功颂德,谁也不许胡言乱语,否则就以诽谤罪论处。庙堂上的政治生态也恶化了。以前宋朝也有不少政治冲突,但很少如此残酷。秦桧屡掀大狱，就连老丞相赵鼎都被秦桧逼得走投无路，最后只能服毒自杀。这就太过分了。当年王安石整反对派、蔡京整元祐党人，下手也没这么狠过。这说明斗争的底线，已经被突破了。

而干这些坏事的时候，秦桧总是冲在第一线。

以前也有人替他翻案，吕思勉先生喜欢做惊人语，他在《白话本国史》里认为秦桧是忍辱负重的爱国者，"后世的人，却把他唾骂到如此，中国的学术界，真堪浩叹了！"蒋介石的南京政府正在捧岳武穆，看了这些言论，勃然大怒，把这本书给查禁了。吕思勉先生的话当然是不对的。秦桧这个人虽不能说一无是处，主持和议也不能说就是单纯卖国，但他罪行累累，在历史上是洗不白的。

但问题是，这些坏事都是秦桧干的吗？赵构是被蒙蔽了吗？

赵构是皇帝里的人精，能蒙蔽他的大臣在这个世上根本就不存在。秦桧能干这些事情，是因为赵构愿意让他这么干。赵构之所以让秦桧独揽大权，无非是两个原因。第一个原因就是他懒，本人属于享受型性格，他不愿意处理那么乱七八糟的麻烦事，就只能找一个代理人去替他干。除此之外，还有一个更重要的原因，就是他要和这些坏事保持距离，以便日后扮演一个被奸臣蒙蔽的皇帝。

后来秦桧死了，没了利用价值，赵构很快就和他做了切割。他宣布"绍兴更化"，把以前的坏事都推到秦桧头上，甚至故意夸大他和秦桧的分歧，说自己在靴腰子里放着匕首，以防备秦桧。但实际上，一切并没有改变。该钳制还是钳制，该整人还是整人。历史学家说赵构执行的是"没有秦桧的秦桧路线"，其实何尝有什么"秦桧路线"？就像赵构自己发脾气的时候也曾说过："秦桧但能赞朕而已！"

所谓"昏君+奸臣"，在历史上确实有过，但更多的情况则是君主和"白手套"的关系，赵构之于秦桧，嘉靖之于严嵩，都是如此。

但赵构和秦桧的合作，影响非常深远。

宋朝的大环境原本比较宽松，君权受到制衡，士大夫也有"以天下为己任"的自许，但是到了南宋，这一切都终结了。按照虞云国先生的说法，"绍兴体制彻底关闭了变革之门，整个南宋，不仅再未出现过庆历新政和熙宁变法那样的统治集团自改革运动，甚至也未见任何在朝的派别再度公开鼓吹变法或改革……这种'老调子已唱完'的局面，死气沉沉地苟延到南宋的覆灭"。宋史专家刘子健先生说得更严重，他认为赵构创建的"绍兴模式"不仅毒化了南宋的政治生态，还断送了中国历史的出路。这个说法略有夸张，但是"绍兴模式"之影响深远，是毋庸置疑的。

那么回过头来再看赵构这个人。

他并不能说全无功绩。没有他冷血精明的政治手腕，南宋未必能熬过最早的襁褓期。他的冷血精明、毫无道德感，他也毒化了南宋的氛围，让它丧失了历史的活力。那么应该把他定性为什么样的君主呢？说他是昏君，肯定不对，他精明过人，并不昏庸；说他是暴君，好像也不对，赵构也说不上残暴嗜血；说他是明君，当然更不对。明君怎么会诛杀岳飞，任用秦桧，打造出一个摧折士气的"绍兴体制"呢？

严格来说，赵构是一个冷血的自私自利者，一切都在追求个人利益最大化。具体地说，就是追求个人安全和个人享受。其他的东西他并不在乎。在追求个人利益的过程中，他表现出了超高的智商。总结来看，这种人，应该算是"奸君"。

但历史上并没有这个词，也没有这个概念，所以按照传统的历史观念，赵构是无法被定性的。古代人如果听到"奸君"这个词，肯定会觉得荒谬。世上可能有奸臣，但不可能有"奸君"。国家是君主的财产，就像公司是老板的财产一样。大臣相当于职业经理，他们可能以权谋私，牺牲国家的利益为自己捞好处，这就是奸臣。可是皇上怎么可能以权谋私，牺牲国家的利益为自己捞好处？换句话说，他怎么可能盗窃自己的财产呢？这在逻辑上似乎是荒谬的。

按照传统观念的设想，对于君主来说，国家利益和个人利益本身就是一回事。就像大臣在劝谏的时候，会习惯说，天子富有四海，天下皆富，陛下安能独贫？凡是不好好治理国家的皇帝，都是认不清自己的长远利益，还是糊涂。

但实际上不是这么回事。一个勤勉的君王，也许会得到好名声，或者能够延长王朝的寿命，我们可以说这是他的长远利益，可是对于具体的个人来说，如果他不愿意牺牲现世的快乐,来换取这些看不见摸不着的利益,你又如何说服他呢?北齐的和士开对皇帝高湛说:"自古帝王,尽为灰烬,尧舜桀纣,竟复何异?陛下宜及少壮,恣意作乐,纵横行之,即是一日快活敌千年……无为自勤苦也。"高湛大悦。和士开的话听上去很反动,当然可以不赞成,但要真想驳倒这套理论,其实也很困难。

反过来再看赵构,他最最看重的倒不是"恣意作乐",而是个人安全。重用岳飞抵抗金兵,是为了个人安全;后来诛杀岳飞削弱军事,也是为了个人安全。国家强大当然更好,但如果中间蕴藏着一丝一毫的安全风险,那赵构宁肯国家变弱,只要不至于弱得杀身亡国就好。借用刘子健老师的话说,"在他的算计中,第一是安全,第二是加强安全。"打个比方,假设赵构目前的幸存概率是50%,如果南宋丢掉一半领土,再死掉一半人,他的幸存概率能提高到100%,那他就会毫不犹豫地让南宋死掉一半人。

在高湛和赵构眼里,他们都是在追求个人利益最大化,完全不昏。但是古代人的观念系统里,没法对这种行为下定义。在他们看来,太过荒谬了,实在没法起名字,所以只能含糊地说他们还是"昏君"。

在这个问题上,古人是失语的,他们找不到合适的词去定义这种君主。而语言的缺失,又是因为观念的空白,这就像人们无法想象"五颜六色的黑"一样。我们已经把国家交给了你,把所有的臣民交给了你,整个天下都是你的,如果你足够聪明的话,又怎么会不好好地打理它,又怎么会不把天下的利益当成你的利益呢?那是只有昏君才会做的事情啊!

可是赵构只会觉得这种想法是自作多情,他会说:不,我很聪明,一点都不昏庸,所以我才会把自己的利益放在天下之上,天下再好,又哪有我自己好呢?

谁是英雄

文天祥

一

大家都知道文天祥。他是南宋的丞相，被元军俘虏后拒绝敌人的劝降，英勇就义，还写下了著名的诗句，"人生自古谁无死，留取丹心照汗青"。这个故事听上去简单而热血，但实际上，文天祥最后的旅程走得既复杂又心酸。它不止牵涉到了一个英雄的生死气节，也折射出了人性的很多幽暗之处，要讲起来真是让人伤感。

文天祥是在广东的一个山脚下被俘的。

几年来，文天祥颠沛流离，多次经历险情。他曾经代表南宋跟元军谈判，结果被逮捕后押往北方。好在当时形势很乱，他在半路上被人救了出来。获救后，他又在福建起兵，想要光复江西，结果被元军反扑，大营沦陷。文天祥在最后关头侥幸脱险，身处后方的全家老小却尽数被虏。至于中间大大小小的危厄坎坷，就更难一一备述。文天祥就像有主角光环一般，每次碰到险情最后都能奇迹般地脱身。可现在，他的好运气终于用光了。

当时大家正在吃午饭，元兵忽然杀了进来，文天祥措手不及，就被俘了。他第一个反应，就是从怀里掏出二两"脑子"吞了下去。所谓"脑子"，也称"龙脑香"或"冰片"，是一种干燥后的树脂，具有毒性。清朝人自杀往往吞服鸦片，南宋没有鸦片，大家就用冰片。比如权相贾似道垮台后被流放到广东，路上受不了挫辱，也是尝试吞冰片自杀。在当时，这个东西好像是流行的自杀用品。文天祥也特意贴身收藏了一些，准备留到最后关头使用。按照当时人的想法，服用冷水可以加速它的毒性。所以，文天祥在元兵的挟持中，又找个机会，捧着马蹄印里的积水喝了几口。

也许是积水太脏，也许是"脑子"的毒性并不稳定，总之，文天祥上吐下泻了一阵子，不但没死，拖延了十几天的眼病反而好了。

没死成，文天祥被押着去见元朝大帅张弘范。张弘范虽是汉人，但是跟南宋没什么瓜葛，倒不算吕文焕那样的叛将。他对文天祥很和气，用对客人的礼节招待他。张弘范把文天祥带往崖山，旁观那场大海战。

"崖山海战"在历史上很有名，极富象征意义。明清之际的钱谦益做了"贰臣"之后，既伤世又自责，心里很苦，拿这场"崖山海战"写过一首诗，说"海角崖山一线斜，从今也不属中华。"后来网上有个流传很广的说法，"崖山之后无中华",多半就是源自这句诗。所谓"无中华",当然有些夸张,但它的确是南宋的最后一战,大时代就这么落幕了。

文天祥坐在船里,目睹了战斗的全过程。他看到烈焰蔽天,也看到了海上的十几万浮尸。一时间,他万念俱灰,想跳海自杀,但是被身边的看守拦住了。这场海战让文天祥的心态趋于崩溃。他以前和元朝官员对话时,总是不卑不亢,保持着一定的风度。可是在战后的宴会上,他却和蒙古将领庞钞赤儿对着破口大骂,骂得声嘶力竭。

张弘范派人把他押运到北京,交给忽必烈处理,路上会经过文天祥的老家江西庐陵。文天祥算准了日子,提前六天开始绝食,准备第七天正好死在老家。

二

这个时候,他的两位朋友出场了。

第一位是王炎午。

他原来是临安的太学生,后来文天祥举兵,王炎午前去投奔,成了弟子兼幕僚。后来王炎午母亲生病了,文天祥就让他回老家照料家事,从此他脱离了抗元部队。

这个时候,他听说文天祥要路过江西,就抓紧时间写了一篇《生祭文丞相》。在文章里,他是这么说的,文丞相您对我太好了,不但提拔我,奖掖我,我家里出事的时候还让我赶紧回家，于公于私，对我都仁至义尽，现在我要报答您的恩德，所以写了这篇文章，催您抓紧时间快点死。王炎午列举了很多理由，从历史到今天，从国家到个人，站在各个角度证明文天祥应该马上去死。在文中，他也显得颇为困惑，死是很容易的，七天不吃饭就会死，可现在"涉月逾时，就义寂寥"，为什么就听不到您死掉的消息呢？您还等什么呢？现在国家已经灭亡了，您没什么事情好做的了，赶紧去死吧。

很明显，王炎午不知道当时文天祥正在绝食。

王炎午把这份祭文抄写了很多份，沿着文天祥要经过的道路，在驿站、水陆码头、山墙、店壁上到处张贴，希望文天祥能看到。但是文天祥一直被锁在船里，所以并不知道王炎午的这篇文章。好在这篇文章流传极广，文天祥后来肯定读到过，但他对此怎么想，就难以揣度了。不过，旁观者对《生祭文丞相》评价都很高，觉得慷慨激昂，忠勇奋发。元代有位叫欧阳玄的翰林承旨，就说王炎午能写出这样文章，真是"宇宙奇士也……呜呼雄哉！"后人修订《文天祥全集》的时候，也总是把《生祭文丞相》很郑重地收到附录，好像这是一篇极有价值的纪念文章似的。文天祥若泉下有知，会怎么看待这种编订方式，似乎也很难揣度。

总之，文天祥顺流而下，错过了王炎午的祭文。而且他算错了日子，船速比他预料的快，提前一天到了庐陵。这里是文天祥老家，押送他的人也就网开一面，给了他自由活动的时间。文天祥已经饿得有气无力了，但还是上了岸，坐在水边的苍然亭里。

这个时候,另一个朋友出场了。

他叫王幼孙,是文天祥的老乡,也是从小就认识的朋友。王幼孙带着几个人来看望文天祥。文天祥很高兴,想在死前和他叙叙旧。结果王幼孙当场掏出一篇自己做的《生祭文丞相信国公文》,读给文天祥听。

虽然都是生祭文,这一篇倒没有像王炎午那样,催文天祥赶紧去死。王幼孙干脆假定文天祥已经死了,他就像是对一个鬼魂在朗诵,某年某月某日,我在文公灵前祭奠说,人都贪生怕死,可是您不怕,所以您这一死,别人都为您悲伤,我却为您高兴,您死得真是壮烈!我活着种地,您死掉尽节,我们两人处境虽然不同,但心是一样的,跟您一比,那些人都是白活了一辈子!

王幼孙读得慷慨激昂,在场的人都被感动得泪流满面,抬不起头来。文天祥默默听完了,也没说什么。

这个时候又来了一个叫张弘毅的人。他也是文天祥的好友,有个很奇特的号,叫"千载心",想来是个怪人。他没写文章,也没劝文天祥死,只是要求也进囚船,陪着文天祥去北京,好在监狱里照料他。王幼孙念完文章走了,张弘毅上船了。

当天晚上,文天祥在船上写了几首诗。有一首诗里说:"泪似空花千点落,鬓如硕果数根存。肉飞不起真堪叹,江水为笼海作樊。"

三

文天祥接着绝食了两天。这两天，他应该想了很多事情。到了绝食的第八天，押运官打算强行灌粥，但是文天祥忽然说，不用灌了，我吃。

他恢复了饮食。在此之前，他服冰片、跳海、绝食，多次试图自杀。可是在此之后，他再也没有自杀过。

文天祥平静地到了北京。

在那里，元朝政府开始派人轮番劝降。其中有一个劝降者身份最特殊，就是南宋前德祐皇帝赵㬎。元朝占领临安的时候，太皇太后谢后、皇太后全后、皇帝赵㬎都投降了，也没有哪个士人敢写生祭文送给她们。赵㬎还是个九岁的孩子，见到文天祥的时候，也说不出什么。文天祥对他下拜，然后号啕大哭，劝他赶紧回去。

劝降没有效果，事情陷入僵局。

于是，元朝丞相孛罗带着一众高官提审了文天祥。人们让他下拜，文天祥坚决不肯。左右侍从们强行按他，文天祥干脆坐在地上不肯起来，孛罗也只好由他。照例还是劝降，而文天祥的回答，也还是那句说了无数遍的话，我不会投降，你们杀了我吧！孛罗倒是真起了杀心，但是皇帝忽必烈有点犹豫，想再争取争取。张弘范跟文天祥打过不少交道，对他颇有好感，也上奏章请求留他一命。就这样，文天祥的命运就被搁置起来了。

元朝的态度左右摇摆，文天祥在监狱里的待遇也跟着时好时坏，有的时候他被套上木枷，连续绳捆索绑好多天，有的时候却又能读书写诗，还允许会客。文天祥好多诗文就这么流传出去了。

这个时候又发生了一件事情。文天祥的两个亲弟弟文璧、文璋投降元朝了。文天祥一直东奔西跑，带兵抗元，而弟弟文璧在广东惠州做知州，家族里的亲眷大多也都跟着他。"崖山海战"后，南宋事实上已经覆灭，元朝军队兵临惠州城下，文璧手中只有几百军队，也就开城投降了。小弟文璋也在城中，自然就跟着哥哥一起降了元朝。后来元朝逼着文璧出来做官，文璧没有拒绝的胆量，老老实实到北京接受了任职。

在大家眼里看，文璋姑且不论，文璧绝对是"贰臣"，应该被钉在历史的耻辱柱上。而且有了哥哥文天祥的映衬，其行为更显得卑鄙龌龊，但是文天祥并不这么想。他在狱中反复写文章替弟弟们辩解，说他们也是没法，为了文氏宗族不至覆灭，"惟忠惟孝，各行其志"，大家都没错，要怪只能怪这个凄惨的乱世吧。他还写了一首诗，"三仁生死各有意，悠悠白日横苍烟"——我选择了死亡，并不意味着要求弟弟要和我一样，个人有个人的选择，个人有个人的命运，如此而已。

在国破家亡之际，对士大夫的道德要求到底应该严格到什么程度？从文天祥留下的资料看，他对此的态度多少有点模糊。

他写诗文的时候，调子往往很高，什么"烈女不嫁二夫，忠臣不事二主"，什么"皇纲解纽地维折，妾妇偷生自为贼",道德标准相当严苛。可一旦具体到现实中的人,有了情感的羁绊,文天祥又会变得不那么绝对,具备了一点理解之同情。文璧、文璋就是例子。从字里行间看,弟弟们做出投降的选择,文天祥甚至有种松了口气的感觉。当然,这也许是人性中软弱的一面,但活生生的人心里总避不开柔软之处。

不光对弟弟们如此,对往日的熟人,文天祥也没有诗文里那么严苛。当然也有区别,比如留梦炎和王积翁。他们是文天祥的老同事,也都投靠了元朝,最后也都被派去劝降文天祥,但是文天祥对他们的态度就有区别。

他见了留梦炎就唾骂,骂走了还不解恨,还要写诗说:"黑头尔自夸江总,冷齿人能说褚公。龙首黄扉真一梦,梦回何面见江东。"里头用了一些历史典故,这里也不必细说,总之是嘲讽留梦炎的。可另一方面,王积翁也做了元朝大官,按照文天祥诗文里的标准,当然也属于"妾妇偷生自为贼",可文天祥对他就比较客气,并没有叱骂嘲讽,谈得也还算融洽。

为什么会有这种区别呢?

也许是谈话模式不同,也许是以前的交情不同,但可能还有个更重要的原因,就是在文天祥心目中,留梦炎和王积翁不一样。跟留梦炎比起来,王积翁原来的职位较低,投降的时间也较晚,多多少少有点可恕的理由。当然,这么说也是推测之词,做不得准。但无论如何,文天祥对待具体的人事,确实没有泛泛而论时那么严苛。那个皂白分明的绝对道德之境毕竟只适合远观,很难近看。

四

文天祥的脑子里其实也有不少自相抵牾的念头。

他在北京被囚禁了三年多。在这段日子里,他写了很多诗文,绝大部分都很激昂,显出典型的儒家入世精神。最有名的当然是《正气歌》,写的满腔忠烈:"在齐太史简,在晋董狐笔。在秦张良椎,在汉苏武节。为严将军头,为嵇侍中血。为张睢阳齿,为颜常山舌。或为辽东帽,清操厉冰雪。或为出师表,鬼神泣壮烈。"

在他的诗文集里,这种格调是主旋律。但有的时候,他又会写出一些颓唐空幻的文字来,里头颇有些道教色彩。说起来也不奇怪,古代士大夫往往出入于儒道或儒释之间,得意时傍儒以进取,失意时傍道、释以慰藉。何况文天祥在太平时节就对道教颇有兴趣,随手写过一些仙气飘飘的诗,什么"世间如此纷纷者,赢得山林作道场",什么"山中老去称庵主,天上将来说地仙",也搞不清楚他是真信还是凑热闹。但是等他入狱以后,他对道教似乎有了更真实的兴趣,花了些力气进行钻研。

有个叫灵阳子的道士经常去看望文天祥,和他谈论长生不老之术。文天祥颇受启发,写了一首诗,里面有几句很值得注意。他说:"功名几灭性,忠孝大劳生。天下惟豪杰,神仙立地成。"就连"忠""孝"这样的纲常,他都不以为然了,认为是"灭性""劳生"的妄举,不如做自由自在的神仙。这样的诗和《正气歌》对比起来看，就会让人困惑，到底哪一种才是文天祥的真实想法呢？

也许两种想法都很真实。

我们往往希望人应该完整自洽，不能自相矛盾，英雄人物尤其不该如此。但实际上并不是这样。一个人除非性格极其单纯，否则很少会彻底自洽。人心总是充满矛盾，有难以揣摩的幽深之处。当人处在痛苦彷徨的时候，这种矛盾更会被放大。

而文天祥正处在最痛苦的境遇中。

他面临的不仅是生死考验，还是亲情的考验。文天祥的妻子女儿都被俘虏了，送给元朝公主做奴婢。元朝政府安排文天祥的女儿给他写信，目的当然是为了用亲情打动他。用现在的话来说，就是要用儿女情长来动摇他的革命意志。

女儿柳哥给他写了一封信，文天祥看信后痛哭流涕，后来托人转告两个女儿，柳女、环女，好好做人，爹爹管不得了！

没人知道那封信里写了什么。

《宋史·文天祥传》里还有过一段奇怪的记载。在文天祥生命的最后一年，元朝官员再次劝他投降，他回答说，国家亡了，我就该死，如果你们不想杀我，我可以回老家当道士，"他日以方外备顾问，可也"，但让我投降是不可能的。这段话引起很大争议。历史学家大多觉得这是谣言，是给文天祥抹黑，一个英雄怎么可能会想到当道士来求生呢？

《宋史》编得很粗疏，没有根据的流言有时也会胡乱收进来。这段话在其他记载也找不到佐证，有可能是假的。

但是——如果他真的说过这话，又有什么不能理解的呢？

文天祥自杀过好几次，绝食时更是长期挣扎在死亡边缘。自杀未遂的人往往对生命会格外珍惜。在漫长的牢狱生涯里，他肯定无数次想过死亡的恐怖，也无数次想过生命的乐趣，想过自己的妻子和女儿。他也许还在留恋生命，也许不愿意这么死掉，也许他还在心中某个角落暗自盼着和妻子女儿团聚。他用《正气歌》来砥砺自己，也用道教的超脱精神来劝说自己。我们在他诗文里看到的自相抵牾，其实正是心头苦痛的折射。

可无论怎么思前想后，文天祥对自己的底线始终没有动摇。从留下的所有资料记录来看，他从没考虑过投降这个选项。

但是，人们觉得思前想后就是一种抹黑。而王炎午、王幼孙更是害怕，他们害怕文天祥有太多思考的时间，他们一直在焦虑：听说死不是很容易的一件事吗？文丞相怎么还不死？他为什么现在还活着呢？

五

王炎午他们终于不必再等了。忽必烈召见了文天祥，做最后一次劝降。

文天祥见了忽必烈不肯下跪。这一幕跟当年他面见孛罗时，并没有什么两样。周围的武士用棍子击打他的膝盖，文天祥还是坚决不肯跪下。忽必烈摆手说，算了，不跪就不跪吧，你如果像对待宋朝那样对待我，我让你做中书宰相。

文天祥说，我是宋朝的宰相，宋朝亡了，我只能死。

忽必烈说，你不想做宰相，也可以做枢密使。

文天祥回答，除了死之外，我没什么能做的。

对话就此结束。

他被押回监狱。一个月以后，他被押到刑场处死。

临死前，他问明哪个方位是南方，然后面对南方受刑而死。第二天，文天祥的夫人被暂时放出来，给丈夫收尸。据说，在尸体的衣带上，发现了一篇早就写好的文字。

文字的结尾："孔曰'成仁'，孟曰'取义'，惟其义尽，所以仁至。读圣贤书，所学何事，而今而后，庶几无愧。"他在彷徨无助的时候，会发牢骚说什么"功名几灭性，忠孝大劳生"，会羡慕超脱名教纲常的神仙豪杰，但终究只是说说而已，他终究还是活在自己的信念里，也死在自己的信念里。

这也让王炎午、王幼孙心中的一块石头落了地。

王炎午听到文天祥的死讯后，伤心地写了一篇《望祭文丞相文》，说自己在天空中发现了闪闪发光的文丞相："今夕何夕，斗转河斜，中有光芒，非公也耶！"王幼孙也怀着异常悲痛的心情写了一篇《祭文丞相信国公归葬文》。在祭文里，他反复惋惜说"呜呼，幼孙独不得从公而俱死耶！"，至于为什么他不能跟文天祥一起死，文章里并没有仔细解释，但不知道为什么，这句话在文中被重复了三遍。

他们当然是悲痛的，这一点毋庸置疑。但是在悲痛后面，也许还有一种释然的欣悦吧。

文天祥死的时候，张弘毅始终陪在他身边。他帮文天祥料理了丧事，还把文天祥的遗骨带回了江西。当时从南方来了几个志愿者一起帮忙，他们后来被称为"十义士"。这十个人里，没有王炎午和王幼孙。他们也许是忙着在写文章，没顾得上赶来。

文天祥的妻子当了十几年的奴婢，后来公主给了她自由。她死在了文天祥的老家。

文天祥的两个女儿给公主当了一辈子的奴婢，两人都没有结婚生育。

张弘毅的下落不明，因为不会写文章，他在历史上也没什么名气。

王炎午活到了73岁，王幼孙活到了75岁。两个人都寿终正寝。

六

王炎午和王幼孙都希望文天祥做个视死如归的大英雄，他为什么不早早地死呢？他为什么自杀之后不再自杀呢？这多让人焦心啊。不光他们，后人其实也都希望文天祥做个视死如归的大英雄，最好对生没有任何留恋，对死没有任何恐惧，脑子里只想着大义，别的什么都不想，因为想多了就显得不坚定，不纯粹。

总之，英雄最好是个符号化的人物，这样才方便我们把他们当成一种工具，祭献于高尚的理想。英雄成了一首诗，一道光，一段故事，一个象征，而不是一个活生生的人。

可现实中的英雄往往并不是这样。

英雄可能会留恋生命，可能会害怕死亡，如果有活下去的机会，他们可能还是希望活下去，但是他们有自己的底线。底线之上，他们可以有种种的彷徨；底线之下，他们则是义无反顾的决绝。

对于这样的文天祥，王幼孙他们的催促是亵渎，赞美也是亵渎。

说英雄，谁是英雄？

只有文天祥自己知道，他是如何战胜了心中的恐惧，克服了心中的留恋。只有文天祥自己才知道，他有多英雄。

如何讲好一个大故事

嘉靖

一

明朝的正德皇帝死后无子,只好由他的堂弟朱厚熜继位,也就是后来的嘉靖皇帝。嘉靖的治国能力并不出色,但要论起操控别人的果决手腕,在明朝皇帝里真是罕有其匹。他的自私凉血,颇像赵构;在权力上的精明,也颇像赵构;至于阴狠刚愎,则远远超过赵构。

嘉靖皇帝登基没多久,就搞出了一个"大议礼"事件。他虽然只有十六七岁,但下手极其狠辣,把文官们打得一败涂地,也树立了自己的绝对权威。从那以后,他似乎就对士人们有了一种发自内心的鄙视。即便是后来的权相严嵩,在他眼里也无非是宠仆而已。海瑞在《治安疏》里说他"薄于君臣""贱薄臣工",确实一点都没错。但要论起这种心态的肇始之源,就跟这次"大礼议"有关。这次"大礼议"议完了以后,嘉靖明白了两件事,第一件事,士大夫对皇帝并不真的驯服；第二件事，他们虽然不驯服，却是一群黔之驴，技止此耳，对他们不必客气。

所谓"大礼议"，其实就是一些名分上的争议。嘉靖帝接的是堂兄正德皇帝的位子，按照大臣们的看法，这属于小宗入继大宗，他就应该认正德皇帝的父亲明孝宗为父，而他自己的亲生父母就成了皇叔、皇叔母。但是嘉靖不认账，非要称生父为"皇考"，说这叫"继统不继嗣"。而大臣们坚决不让步，要求必须"继统又继嗣"。

他们争论的核心，其实就是嘉靖有没有过继给明孝宗。按照朝臣们的想法，你继承了皇位，就等于过继给了明孝宗，不然孝宗的统嗣就绝了。按照嘉靖帝的想法，这完全是两回事，我是按照血缘关系顺位继承，凭什么要算过继？孝宗不能绝嗣，难道我父亲就可以绝嗣吗？

这说起来并不复杂，但具体落实到细节上，就让人眼花缭乱——到底要不要称嘉靖生父为帝，要不要称他为皇，要不要称他为皇帝，要不要在他称呼里加上"本生"二字，要不要送给他个庙号，要不要移他的牌位，要不要称他为"皇考"，要不要称孝宗为"皇伯考"……每一个细节都要闹得不可开交。很多官员都被罚俸、罢黜，甚至下狱，就连头号重臣大学士杨廷和也都辞职了。

最后闹出了"左顺门事件"。嘉靖下旨去掉父母尊号中的"本生"二字，以表示他们和正常帝、后没有区别。登时整个朝廷都沸腾了，有人大声呼吁："国家养士百五十年，仗节死义,正在今日!"结果上至尚书、侍郎,下至郎中、主事,二百多名官员一起跪在左顺门,请求皇帝收回旨意。这相当于一次集体示威。双方僵持了很长时间。嘉靖让太监宣口谕,让他们回去,他们坚决不肯,反而哭声震天,嘉靖坐在文华殿里都听得清清楚楚。

事变的收场血腥残酷。嘉靖派出锦衣卫,当场逮捕了一百多名官员,予以廷杖,十七人被活活打死,剩下的也都血肉狼藉,还有多人被发配到荒原边疆。朝堂经历了一次血洗。

然后呢?士大夫们就彻底屈服了。他们当然还是不满和愤懑,但是如果不能有效表达出来,所谓人心,所谓舆论,终究不过是虚无缥缈之物罢了。两个月后,嘉靖下令编纂《大礼集议》,改称孝宗为"皇伯考",生父为"皇考"。持续三年的"大礼议"就此告一段落。多年后,嘉靖把自己父亲的神主升祔太庙,那时已经全然无人反对了。

被打死的人,当然也就被打死了。至于被流放的人,以后也没有被赦免,比如著名的才子杨慎,大家熟悉的《三国演义》开篇词"滚滚长江东逝水",就是出自他手。杨慎参加了"左顺门事件",被捕三天后遭到廷杖,昏死过去,十天后被再次廷杖,然后充军云南保山。他在那里待了三十多年,终身没有回到中原。

二

在"大礼议"中,士大夫们并非铁板一块,也有不少人支持嘉靖皇帝。也不好说这些人都是趋炎附势,做政治投机。根据后来的表现,这些支持者里也颇有一些正人君子。回过头来看,嘉靖皇帝的做法也不是全无道理。如果细抠儒家经典的话,他也完全能自圆其说。当然,在现代人看来,这些是非曲直并不重要,因为它背后的理论系统随着社会变迁,早已烟消云散。我们只是会觉得差异,为什么"大礼议"会成为整个朝堂争议的焦点?

在现代人看来,"大礼议"挺莫名其妙的。这个事情有这么重要吗?皇帝称自己生父为皇考还是皇叔,这能是个多大的事儿呢?他到底是继统又继嗣,还是继统不继嗣,到底有什么要紧呢?为这事儿让人打死了,多冤。天下有那么多军国大事,又何必纠缠在这些虚名称谓上?

可是当时读书人绝不这么看,他们觉得这比闹蝗灾还严重,比发洪水还严重,比鞑靼入寇还严重。你对这个问题的态度是什么,决定了你是好是坏,是忠是奸。我们只看到他们的慷慨激昂,但他们的兴奋点,我们几乎完全体验不到。

其实不光是"大礼议"如此,历史上有很多这类似的话题,在当年一度是激动人心的争论焦点,今天看来已毫无意义,甚至会觉得荒唐可笑。

比如关于正统之辩。无数古代的文化人都热心地讨论过这个话题。哪个王朝是正统,哪个王朝又是伪统,哪个王朝又是闰统,几乎人人都有高见。就像对于魏晋南北朝时期的政权,王通认为刘宋和北魏是正统,齐、梁、陈都是闰统;费长房认为宋、齐、梁是正统,陈是闰统;萧颖士则认为陈固然是闰统,但隋朝也是闰统。此外还有各种五花八门的说法,罗列出来有一大堆。

这些辩论还会导致史书的翻新。有些文人觉得前人的史书写得不好,自己要推翻重写。他们觉得不好,往往不是因为这些书事实不准确,或者文字不优美,而是觉得它们对正统、闰统把握得不好,体例乖谬,政治不正确。比如司马光写的《资治通鉴》记载三国史事的时候,把曹魏当成了正统,以它的年号来记年。这里头其实有技术上的考虑,如果把蜀汉当成正统,那么蜀汉灭亡和晋朝建立中间还隔着三年,这三年如何记年?所以,索性把曹魏当成正统算了。

但是,对于态度更严肃的文化人来说,正统之辩是道德问题,是政治上的大是大非问题,怎么能俯就于技术细节呢?朱熹写过一部流传极广的《通鉴纲目》,而他的直接写作动机就是对司马光不满,不把蜀汉当正统,反而把曹魏当了正统,"冠履倒置,何以示训?"——看我给你写个政治正确版。

这就跟"大礼议"有点像,都是关于看不见摸不着的名分之争。无论是"大礼"还是"正统",在后人看来,却似乎是个伪问题。梁启超就觉得"正统之辩"无聊透顶,

"统"这个词就是错的,更谈不上什么正不正了,"中国史家之谬,未有过于言正统者也"。他把那些热衷于正统、闰统之辩的古代知识分子,一棍子都打成了陋儒。现代读者多半会觉得梁启超说的有道理。自古帝王只有成王败寇,哪有正统、闰统?把大好时间浪费这些无聊争辩上,实在太过荒谬。

但如果设身处地替古人想一想,就会觉得情形并非如此简单。身处已了之局,回头看帝王时代的正统闰统、继统继嗣,自然会有一种荒谬感。但对于局中之人,如果否认了这种区别,又叫他们如何看待周围的世界?

黄宗羲在《原君》里,痛斥三代以下的君王,说他们"敲剥天下之骨髓,离散天下之子女,以奉我一人之淫乐",所以,"为天下之大害者,君而已矣"。至于什么帝位传承,继统继嗣,无非是把天下看成一个家族的私产。黄宗羲质问道:"岂天地之大,于兆人万姓之中,独私其一人一姓乎!"说得很是痛快淋漓。但是,令人不免觉得奇怪的是,黄宗羲说的其实是很简单的道理,也符合人类的道德直觉,为什么上千年来就少有人这么说?

当然,也许是怕皇帝杀头。但也不全是。人们需要给自己的世界寻找一种意义,让它区别于完全的荒蛮。如果我真的觉得帝王无非巨盗,正统、闰统无非谎言,天下就是一片唯力是视的丛林,而我又根本没有能力想象出一个不同的世界,那么世界的意义何在,文明的意义又何在呢?世界需要一种秩序,如果现实世界没有这个秩序，也要在想象中把它构建出来。这种构建并非毫无意义的幻觉，它确实减少了世界的暴力和无序。

《人类简史》里有一个说法，国家也好，宗教也好，乃至信贷货币、股份公司，本质上都是一种虚构的故事。这种故事被大家接受，也就变成了现实。如果这个说法正确，那正统闰统、继统继嗣也就是一种大故事。古人对那些问题如此执着，就是因为他们要坚持这个故事的有效性。如果嘉靖不称父亲为皇叔，这个故事就出现了一个漏洞；如果蜀汉和曹魏都可以是正统，那么这个故事也出现了一个漏洞。而这些漏洞如果累积叠加，严重到一定程度，足以导致文明观念的崩塌，所以那些读书人才会为维护政治正确的故事，不惜以死抗争。

文明本身是一个大故事，如果这个故事崩塌了却没有另一个别的故事来取代它，文明就会随之崩塌。我们对历史上的那些争论满不在乎，也不过是因为现代文明提供了另外版本的故事而已。正统闰统、继统继嗣对新故事已经完全失效。有朝一日，同样的命运也会落在我们头上。未来的人们看到我们今天争论的焦点，恐怕也会觉得莫名其妙，甚至荒谬绝伦。

三

那么黄宗羲又是为什么能写出《原君》那样的文章呢？当然，他是了不起的思想者，而且在乱世中经受了现实的强烈刺激，所以能够脱出时代的藩篱。但是，他的观念也有所依托。如果一个人毫无思想资源可做依托，让他凭空去想，那真是千难万难，而且很难找到出路。你把眼前的东西都否定，拿什么去填补这个空白呢？那个填补之物现实吗？以前存在过吗？未来可能存在吗？这都是问题。

黄宗羲的思想依托就是"三代之治"。所谓三代就是夏、商、周，按照儒家的说法，那时有圣主明君，创造了后世难以企及的黄金时代。黄宗羲在《明夷待访录》里屡次提到"三代"，拿它做标准来批判现实社会。黄宗羲并非孤例，儒家文化人往往都是这么做的，只是黄宗羲走得更远，做得更彻底，态度也更决绝。

我们现在当然知道，"三代之治"无非是一厢情愿的幻想。夏、商、周哪里有那么好？夏朝姑且不论，看看《翦商》这本书，就知道商朝有多么恐怖。我们读到儒家津津乐道于"三代之治"的时候，往往会觉得他们一味复古，太过迂腐。怎么说呢？这么想，也对，也不对。这里确实有自己骗自己的迂腐味道，但也有不得已的地方。

古人真的相信"三代之治"是黄金时代吗？至少法家是不信的。韩非就不觉得"三代"时君主有多么圣明，百姓有多么仁义。他觉得那只不过是因为人口少，不太需要争抢而已。这种说法并不准确，但多少比儒家的幻想要现实一些，但这并不说明韩非一定比黄宗羲更高明。法家不推崇"三代之治"，是因为他们没有思想包袱。他们不需要为批评现实而拿起历史做武器，而儒家需要这样的武器。

打个比方，如果你生活在一个封闭的村庄里，这个村庄世世代代都是这个样子，但你对这个样子偏偏不满意，那你该怎么说呢？如果你知道有外面的世界，你可能会说，别的村子可不是这个样子！我们现在的生活，不是唯一的选择！但是你不知道外面的世界是什么样，那你又该怎么办？如果你凭空提出一套说法来，说我们应该如何如何，不光周围人觉得你这是狂想臆测，自己恐怕也觉得没底，不知道自己这套说法是否行得通。那么你还有一个选择，就是想象出这个村庄以前的样子，咱们这个村子以前不是这个样子的！那个时候比现在要好得多！跟以前比起来，我们现在做得还很不好！如果大家相信你想象出的村庄史，那么这个虚假的历史就可能成为现实的武器。

不能说儒家文化人对"三代之治"的赞美里，都有这种利害盘算，但对于某些精英分子来说，它确实起到了类似作用。很多激烈的改革者往往都有复古的假象，就像王安石就打出"法先王"的口号，拿着《周礼》做改革依据。黄宗羲更是拿"三代之治"做抓手，对君主制做全方位的声讨，连君位的父子继承制都要废除掉。

其实不光改革派如此，整个儒家都有这种倾向。夸张点说，至少在宋朝之后，用古老理念来对抗现实政治，已经成了儒家的一种隐秘心事。

在他们眼里，世上有治统，也有道统。所谓"治统"，大致就是统治现实世界的谱系。孝宗死了，皇位传给武宗正德皇帝；武宗死了，皇位传给世宗嘉靖皇帝。这就是治统。它代表着最高权力的传承，是大家都不得不接受的现实。

但除此之外，还潜伏着一个平行的"道统"。

经过儒家的修饰，这个道统从上古的尧、舜、禹、汤，传到周公、孔子，再经由子思、孟子传承到了二程、朱熹。它没有统治的力量，但是有判定对错的力量。这种力量来自哪里？来自思想，来自道德，也来自时间。儒家把道统追溯到了"三代"，编织成了一个《人类简史》里说的"大故事"，一旦人们相信了这个大故事，这里面当然就会有一种力量。

儒家有个梦想，想通过道统来钳制治统，让现实服从道理，让力量服从仁义，让皇帝服从道德。赵匡胤曾问赵普，世界上什么最大？赵普说，道理最大。赵普虽然算不上醇儒，但这个对话里，确实蕴藏着儒家的理想。

这就有点像《倚天屠龙记》里的屠龙刀和倚天剑。掌握屠龙刀就掌握最高的政治权力，但掌握着倚天剑的人又可以威胁到他，形成一种钳制。或者也可以拿欧洲史做个比喻，治统就对应着神圣罗马帝国，而道统对应着天主教，前者有武器，后者有信仰，同样形成一种均衡。

可是但理想终究是理想，和现实还是有很大差距。道理到底能不能够钳制住权力呢？如果权力足够自制的话，也许可能。宋朝有过一次类似"大礼议"的事件，叫"濮议"。宋英宗过继给了仁宗，继承了皇位，就像嘉靖皇帝一样，他也想尊崇自己生父，给他加皇帝的称号。这件事在朝廷同样掀起了轩然大波，但是宋朝没有摧折臣下的传统，权力尚不敢肆无忌惮地暴虐，所以"濮议"并没有造成流血事件，最后也是彼此让步，不了了之。

可是到了"大礼议"的时候，皇权已经今非昔比。洪武、永乐都宰杀臣下如鸡犬，殴辱士人如奴隶，嘉靖自然可以有样学样。几顿廷杖下来，一片血肉模糊，所有人都噤如寒蝉，所有的道理都失效了。当然，"大礼议"的具体情形与"濮议"不同，嘉靖的念头在伦理上也并非无理可循，但这些并不重要，重要是他终结争论的方式——堵住你的嘴，按在地上打，就是折辱你，就是杖毙你，就是赤裸裸的暴力。面对屠龙刀，倚天剑又在哪里？面对想干什么就干什么的"治统"，纸面上无比庄严的"道统"又在哪里？

从宋到明，从明到清，儒学在理论上日益精密，但在现实中却是决堤式的溃败。权力越来越恐怖和狰狞，儒家的"大故事"对此却完全无计可施。当然，后来有了现代化的转向，传统格局就此终结。但如果没有那样的转向，大家还是沿着原有的路子走下去，这个"大故事"恐怕也越来越难以为继。它也许会鱼烂河决，从而转变出新的故事。或者更有可能的是，它会慢慢变成往日自我的鬼魂，甚至把伸向外面的剑锋转向内里，变成往日自我的敌人。

人间的戾气   王夫之

一

这篇文章得先从张巡说起。

张巡守睢阳之事，非常出名，对历史有点兴趣的人应该都听说过。所以在这里也不必细说，只做个简单的介绍。唐朝中期爆发了"安史之乱"，叛军从范阳南下，先后攻陷了洛阳和长安，气焰很盛。后来战争进入了胶着状态，叛军就打算往江淮方向突破，就派出一支大军进攻睢阳，也就是现在的商丘。

张巡带军死守睢阳。

十几万叛军把城市团团包围，战斗进行得非常惨烈。从史书记载看，张巡很有军事才能，能够随机应变，屡次挫败敌人。但是他手中的兵力不够，经不起漫长的消耗，情况还是越来越窘迫。而且最糟糕的是，睢阳城里的粮食很快就枯竭了。没吃的，怎么守城呢？一开始，他们吃纸张。纸张吃完了，就把战马杀了吃。战马也吃光了，就捉鼠雀吃。等鼠雀也吃光了怎么办呢？他们就采取了最极端的措施，开始吃人。

张巡把他的小妾杀了，分给士兵吃。一个小妾当然不够大家吃，这只是大规模吃人的信号。很快，大家就开始"括城中妇人食之"，女人吃光了，就"继以男子老弱"。最后城破的时候，睢阳城里只剩下了四百多人。据《旧唐书》说，前前后后，吃掉了二三万人。

这样的残酷也并非没有意义。张巡在睢阳把叛军拖了十个月，屏障了江淮一带。而且张巡本人也非常勇敢，作战时坚守一线，和士卒同甘共苦。等睢阳城破时，他慷慨赴死，毫无难色。叛军首领听说张巡督战时把牙齿都咬碎，就用刀撬开他的嘴，发现里面的牙齿确实只剩下三四颗。但推想起来，应该不是简单的出于义愤，而是长期的营养不良。从这里也能看出来，张巡绝非历史上那种常见的伪君子，只顾号召别人牺牲，自己却偷奸耍滑。

这件事确实很难评价。其中的是非对错，大家往往各执一词，而这些分歧又牵涉到了价值观的排序问题。

商丘现在有一座"张巡祠"，七八十年代还没有，应该是后来才修建的。祠堂里供奉着张巡的塑像，上面悬着四个大字：乾坤正气。

有人说这反映了受虐心理，其实也不对。"睢阳之战"时，城内的人已被吃了个七七八八，现在的居民并非当年受难者的后裔。说到底，大家都是千年之后的局外人。但不管怎么说，读了《资治通鉴》和新、旧《唐书》里的相关记载，再看这四个字，心头的感觉总是有些复杂。如果仔细想想当年此地的惨状，就更觉得乾坤正气后面，有种让人毛骨悚然的东西。

当然，这种称赞也不是当地人独出心裁，而是自古以来的传统。总的来说，历代对张巡的评价都很高。朝廷官方的态度当然是褒奖的，唐朝皇帝把他绘入凌烟阁，宋朝皇帝给他刻石碑，清朝皇帝拿他从祀历代帝王庙。这也是理所当然。皇帝当然希望臣子们都像他那样誓死不贰，替自己守住江山。至于吃人，朝廷地大物博，人口众多，吃一些又打什么紧？帝王站在自己立场上，有这种想法不足为奇。

可即便是文化人，他们也大多赞赏张巡。这就不能归结为帝王心术，而牵涉到了一些比较核心的价值观了。

最有名的称赞者是韩愈，但是韩愈有些圆滑，不想在敏感问题上刺激读者的感情，所以他对吃人的事情一笔带过，含糊说"人相食且尽"，仿佛大家敞开了自相食啖，张巡也束手无策似的。相比之下，李翰就比较老实，他写过一篇《进张巡中丞传表》，上来就啃硬骨头，为吃人做全面辩护，在李翰眼里，张巡守城是大忠，相比之下，吃人这种事情是可以谅解的，哪怕张巡最早守城的时候，就打算把城里人都吃掉，那也只能是功过相掩，何况他一开始并没有这个计划，吃人也是事出无奈，看一个人要看大节，不能总纠缠那些阴暗面。

唐朝以后，这种看法成了主流，而且越往后，调门越来越高。修撰《新唐书》的宋祁就说张巡是烈丈夫，天予完节，名垂千古；敖英在《东谷赘言》里则说张巡"孤忠大节，无可间然者"，小人们拿他食人的事情做文章，完全是心理阴暗，妖言惑众；徐钧的调门更高，李翰说吃人、守城"功过相掩"，徐钧觉得吃人压根就不是什么过，被吃的人并没有什么不乐意，他在诗里就是这么说的："析骸易子守孤城，六万惟馀四百人。生道杀民民不怨，千年庙食尚如新。"

二

但是，历史上也有反对的声音。

金末的王若虚对这件事就很不以为然。他说张巡这个人，可以称得上忠，但实在是不仁。用吃人的办法来守城压根就不对。敌人破城杀人是一回事，自己吃人又是一回事。所以，"其死节之名固千古不可磨，而食人之罪亦万劫不能灭也"。

有人反驳王若虚说，为了自己活命吃人当然不对，但是为了国家而吃人，有什么不对的？王若虚说，为自己还是为国家，并没有区别，因为，天下只有一个是。

明末的王夫之反对得更坚决。他说凡事都有界限，情况危急时，作为君子，应该和孤城共存亡，但也仅限于此，张巡超过了这个界限，所作所为就是贼仁戕义。人不能吃人，这还需要理由吗？只要是个人，想到这种事情就会心悸神惊，能干出这种事的，就不是人。"无论城之存亡也，无论身之生死也，所必不可者，人相食也。"什么是最高原则？这就是最高原则。李翰提出的那些辩护理由，王夫之嗤之以鼻，说这是"逞游辞以导狂澜"；至于"生道杀民民不怨"，王夫之多半是没读过，否则也会斥为禽兽言论。

当然，我们可以找到反驳王夫之的理由。你不吃人，城破后这些人也许都会死啊，有什么区别呢？

可是在王夫之眼里，这个区别可就大了。

睢阳军民为什么要替唐朝守城？因为唐朝代表文明，叛军代表野蛮。哪怕城破了，国亡了，文明也只是中断，并没有死亡。但如果文明体都可以吃自己的子民，那么它和叛军有什么区别？文明又有什么意义？忠臣烈子们捍卫的东西又是什么？如果大家都认可为了朝廷可以吃人，我们就失去了文明的目标。

所以王夫之的结论是：到了迫不得已的时候，只能尽人事听天命。城破也只能由它去破，国亡也只能由它去亡，但是无论如何都不能吃人。

如此能说王夫之不爱国吗？肯定不能。无论用任何标准衡量，王夫之都是一个热诚的爱国者，也是个顽固的民族主义者，现代人看起来甚至会觉得有点过于极端。他把入侵者都说成"夷狄禽兽"，不肯把他们归属于人类。相比之下，君臣大义倒是次要的了。王夫之说帝位可以禅让，可以继承，甚至也可以强行推翻，但是唯独"不可使夷类间之"。但就是这样一个激烈的爱国者，依旧坚定地认为——有些事情，更加重要。

在王夫之、王若虚他们的态度里，有种超出功利考量的东西。人们也许会觉得他们的道理虽然高尚,但总归有些迂阔,像是书斋的书呆子想法,不知世事艰难,而韩愈他们的说法似乎更接近现实。其实并非如此。韩愈出生时,"安史之乱"早已结束,他虽然也见识过一些动荡,但并不太严重。宋祁、敖英他们更是生活在太平年月,哪里见识过关起门来杀人吃的事情?他们议论张巡,才真是书斋里的议论,而王夫之、王若虚反倒有比较切实的经验。

王若虚生活在金朝末期。蒙古灭金时,发动过"汴京围城",整座城市变成了一座人间地狱,死者累累,数量难以估计。破城前,汴京也发生了粮食危机,虽然没有睢阳城内那么惨烈,但也留下了"人相食"的记录。王若虚当时就在开封城内,担任直学士。他目睹过围城的全过程,感受自然不同。对于宋祁他们来说,"人相食"只是让人颇为不快的三个字,而王若虚肯定明白这三个字后面是何等沉重的苦难。

王夫之的经历更复杂。他生活在明清交替之际,属于坚定的抗清派。他和朋友一起组织过"衡山举义",很快就被镇压下去,只能逃亡。王夫之追随南明的永历朝廷,忽而肇庆,忽而桂林,忽而梧州,四处颠沛流离。其间他遇到过不少险情,不是被抄家,就是被追捕。有一次他被困在永福水砦,绝粮四日,全家几乎集体饿死。永历政权覆灭后,王夫之和妻子在湖南四处躲藏,严寒时身上只有一件破麻布衣服,外面罩着一件烂袄,情形和乞丐无异。

乱世的种种惨剧,他当然是知道的。至于"食人"之事,清军守新会，南明金声桓守南昌，都曾大规模发生过。王夫之虽然不曾目睹，但肯定有所耳闻。按照他交游的广阔，甚至很可能听过亲历者的讲述。

谁对谁错先放在一边，单就贴近现实的程度来说，韩愈、宋祁他们的看法，更像是隔岸观花的书生式议论；而王若虚、王夫之的观点，看似迂阔，其实倒是基于个人体验的真实感受。他们如此强烈地批评张巡，恐怕倒是因为近距离体验过那种恐怖，知道有些事情不是轻飘飘地用"忠义"二字就能打发的。

三

王若虚姑且不论，单说王夫之。王夫之的不少想法，确实有应激的成分在里面。他被明末的惨相所惊，进而反思明朝的历史，再进而上溯整个中国的历史，这些思考的结果大多收录在《读通鉴论》和《宋论》里。在历代史论书籍里，这两本书可能是最独到，也最精彩的。它们也都有强烈的时代印痕，虽然是论史，但往往还是落在王夫之所处的现实里去。

王夫之的道德期许很高，论人论事也丝毫不肯马虎。但是，王夫之一边推崇道德，一边又极其厌恶以道德之名来杀人诛心。在他看来，嗜杀是最大的邪恶，暴戾是最坏的品质，人一旦暴戾嗜杀，就不再是人，而是禽兽。什么道德都救不了这样的人。

儒家确实一直提倡仁爱,反对残暴,但很少有人像王夫之这么敏感,把"仁暴之辨"放到了一切问题的核心位置。就像前面提到的"睢阳之战"的问题,王夫之上来就论断说,能忍心吃人者,"必非人!"其他所有的大道理,统统推倒不认。在别人看来,这有点一根筋的蛮不讲理,但王夫之在这个问题上就是这么果决。

他这种态度未必是天然产生,多半还是受了现实世界的刺激。明朝后期,整个社会弥漫着一股暴戾之气。这件事说来也有点奇怪。当时北方虽然凋敝,但至少在江南一带,经济前所未有的繁荣,文化也极其昌盛。按理说,那里的知识分子应该心平气和些才是。然而并非如此,就连江南读书人的想法也越来越极端,行事也越来越过激,带着难以捉摸的戾气。

比如晚明有阉党和东林党的斗争。当然,魏忠贤那帮人行事极其残暴恶毒,这里也不必多说。可就算是东林党人,做起事来也往往不留余地,杀机萌动。在他们看来,正邪不两立,坏人几乎没有存活于天地之间的价值,必须加以扑灭。

就像东林党的祁彪佳,本是浙江的世胄膏粱,文雅风流,精于度曲,他的朋友张岱后来缅怀说,祁彪佳辞世后,"花月、声音、饮食之道难得解人"。可就是这样一位翩翩佳公子,也是满腹杀心。他当按察御史后,一天之内就活活用棍棒打死四名囚徒,曝尸三日。祁彪佳说这几名犯人都是奸恶的"大憝",一旦抓到他们的党徒,也都军法从事,直接杖毙了事。后来他想起此事，也颇为后悔，但当时他觉得这是伸张天地之正气，欣欣然地向朋友夸耀。而另一位东林大佬文震孟也称赞他，说祁彪佳以雷霆手段惩奸除恶，政绩斐然，是国朝二百年所仅见。

像这样不经覆讯直接杀人，确实能起震慑作用，社会空气似乎迅速清明，但乖戾嗜杀之气也就此种下了。今天能这样草草杖毙奸徒，明天为什么就不能杖毙"东林正人"呢？这就是王夫之所说的"贼仁戕义"，中了戾气之毒。他在《四书训义》里抱怨，"道义成乎偏激之意气"，虽然没有说得很具体，但想来也是受到了类似事件的刺激。

明末文人论人也过于苛刻，动不动就要拿君子小人、正人邪人这套词儿说事。赵园女士专门研究过晚明史，她就说宋朝文人喜谈抽象义理，明末文人则喜谈具体人事，对他人的道德锱铢必较，进行全方位审视。一旦把某人划入小人行列，就一片喊打喊杀，动不动就说要"膏斧锧""投魑魅"，恨不得把对方置之死地而后快。

时过境迁后，王夫之对这种风气进行了反思。他认为，吹毛求疵地窥察隐私，听到揭发就兴奋，为自己那点猜度人心的小聪明沾沾自喜，为自己居高临下的批判态度而自豪，这都是病——惨刻暴戾之病。

也正因为这样，他对历史上的包拯、海瑞评价都很低，认为"弗足道"。为什么呢？

因为王夫之觉得他们两个人都"褊躁"，做的事情短期内看着很有效,但天长日久,就会让人们濡染暴戾之气。就像海瑞曾提议恢复朱元璋"贪官剥皮"之刑,王夫之只会觉得这是丧心病狂的禽兽之论。在他看来,贪官当然要处理,但是如果用"剥皮囊草"这样残暴的手段去处理,那比贪官横行还可怕,会把整个社会推到非人的境地。

当然,海瑞他们是有道德的君子,这一点王夫之也承认。但是王夫之认为,道德不是用来诛心杀人的。世上必然有君子,有小人,他们都有存活的权利。想要"除恶务尽",就只会带来一片血雨腥风,让社会堕落入残暴的深渊。

他说过这样一段话:"恶不仁者,不使不仁加于其身,未闻恶不仁者,不使不仁者之留遗种于天下也。悲夫!……画之以一定之法,申之以繁重之科……督之以违心之奔走,迫之以畏死之忧患,如是以使之仁不忘亲,义不背长。不率,则毅然以委之霜刃之锋,曰:吾以使人履仁而戴义也……何患乎无名?"

简单地说就是:拿着刀剑架到人脖子上说,你要学好!这不是正义,这是邪恶。不管打着什么旗号,这都是邪恶。

四

当然,王夫之并非宽厚的老好人。有的时候,他也沾染上了当时习气,论人过苛,喜欢挑别人的毛病。王夫之自己可能没意识到,但读者是看得出的。曾国藩虽然非常推重王夫之,但也曾诧异地说,王夫之的眼光也太高了,"使处国事,天下岂尚有可用之人?"这当然是性格上的缺陷。但是王夫之不管怎么讥评别人,也都严格守住了一条界线,那就是决不呼唤暴力,绝不妄动杀心。

暴力其实是有诱惑力的。鲜血固然让人恐惧,但是也会让人怦然心动,滋生快意。人们看到不顺眼的东西,往往有用暴力抹掉它们的冲动。这种情绪潜伏在人的本能里。文人也不例外。他们不擅长杀戮,却会热衷于想象中的杀戮。在明朝后期,文人脑海里就涌动着一股嗜杀的潜流。这种潜流明面上和道德有关,其实更多牵涉到生理性的迷恋。用现在的话说,就是"暴力美学"。

不但儒门君子如此,就连那些特立独行的异端也是这样。就像李贽,他心里就有独断和暴戾的根苗。李贽本人是个文弱书生,却对秦始皇、曹操这样的枭雄赞不绝口,夸奖他们"天崩地坼,掀翻一个世界""方可称之为江淮河海之水"。至于掀翻这个世界的过程里,流了多少血,死了多少人,对于李贽来说并不重要。身为草鸡,却欣赏狮虎的肌肉之美,套用王夫之的话说,这也是中了"戾气"之毒。

也正因为这样,李贽读《水浒传》的时候,才会独独欣赏李逵这样的嗜血狂魔。李贽称赞李逵是梁山泊里"第一尊活佛"。读到李逵灭扈家庄满门时,李贽就评点,"妙人妙人,超然物外,真是活佛转世!"为什么呢?就是那种痛快的杀戮里，有种让李贽怦然心动的魅力，他称之为天真烂漫的真性情。

另一位才子金圣叹也不遑多让。金圣叹比李贽晚一些，跟王夫之大致是同一个时代。他同样称赞李逵是《水浒传》里的"上上人物"，看到他杀人满门之时，也夸"快人快事快笔！"

李贽这样的异端也好，金圣叹这样的才子也好，和那些诛心杀人的道德家们其实有共同的底色，那就是嗜血。

如果只指责读书人，也并不公平，当时整个社会风气就是这样，老百姓也不例外。他们也喜欢见血，看到有人流血就兴奋。袁崇焕被凌迟的时候，京城的老百姓一片狂欢，争着去吃他的肉；熊廷弼被捕下狱，每次遇到朝审，行道之人都会恶狠狠地朝他投掷石头瓦块，熊廷弼到地方以后，总是满脸鲜血淋漓。

这是因为老百姓憎恶汉奸吗？也未必。

在袁崇焕之前，郑鄤被人说是"杖母奸妹"，被凌迟处死，人们也争着去买他的肉，说是这能治疮疖。《明季北略》的作者感慨，"二十年前之文章气节，功名显宦，竟与参术甘皮同奏肤功"。那么郑鄤真的有"杖母奸妹"的禽兽之行吗？当然不是，就是政敌们的捕风捉影而已。但是老百姓并不理会其中的真伪是非，有凌迟可看，有人肉可买，也就心满意足了。如果在最后关头，皇帝真下一道诏谕，说查明郑鄤是被诬陷了，在法场上直接开释，大家恐怕只会觉得扫兴。

被这种暴戾之气吓着的，不仅仅是王夫之。钱谦益在《牧斋有学集》里也描述过这种恐怖气象："但谓此人杀彼人，不知自心杀自心。劫末之后，怨怼相寻。拈草树为刀兵，指骨肉为仇敌。虫以二口自啮，鸟以两首相残……"

阉党暴戾，东林党也暴戾；正人君子暴戾，异端另类也暴戾；精英们暴戾，草根们也暴戾。当整个社会弥漫着暴戾之气时，已露出末世的征兆了。一呼一吸，必有相应。文字上的血终究会流到现实里，菜市口的血也终究会流到围城里。

此情此景对王夫之刺激很大。

按理说，他经历过亡国的惨痛，反思历史的时候应该重视富国强兵，歌颂征伐四夷。但是恰恰相反，他把那套东西都斥为暴虐之政、"申韩"邪术。王夫之的主张是什么？听上去更接近于小政府、大社会的样子。朝廷要宽厚从容，克制干预的冲动，小毛小病不要去管它。他在《宋论》里就说："有利焉，不汲汲以兴；有害焉，不汲汲以除；有善焉，不汲汲督人之为之；有不善焉，不汲汲禁人之蹈之。"见到好事，不要急吼吼地去做；见到坏事，不要急吼吼地去禁，给民间留下足够的空间。世间必然有好人有坏人，有君子有小人，这是没办法的事情，不要大惊小怪，上纲上线。只要维持住一个中正平和的局面，社会自会欣欣向荣。

这样行得通吗？也不好说。

粗看上去，王夫之的说法有点像亚当·斯密，但是亚当·斯密背后是不同的社会体系，王夫之依仗的却还是官僚政治那一套。思想资源和社会经验都摆在那里,让他凭空设想出另一套全新事物来,也不现实。但这样一来,在亚当·斯密那里能行得通的事,在王夫之这里未必行得通。一味宽厚平和也可能导致因循守旧,国家渐渐腐坏掉。王夫之多少知道这一点,但是他还是坚持认为,就算这样,也比惨刻暴戾好。这种念头也许会令人觉得迂阔,但是王夫之见到了太多的鲜血,太多的暴戾,知道人和非人之间的界限是何等脆弱。他实在是被眼前的一切给惊呆了。

王夫之极其厌恶"夷狄",极其热爱华夏,民族主义非常强烈,但是他还是觉得,人之为人,有超出其上的东西。理解了他的所思所虑,也才能理解他对"睢阳之战"的激烈态度。

五

现代人都说明末清初有"三大思想家",王夫之、黄宗羲、顾炎武。其实在当时,黄宗羲名满天下,顾炎武风头较逊,王夫之则默默无闻,几乎没有谁听说过他,影响力就更谈不上了。一直到晚清,王夫之才被人们从历史中打捞出来,一下子声名鹊起,地位隐隐然超过了黄宗羲和顾炎武。谭嗣同说:"五百年来,学者真通天人之故者,船山一人而已。"钱穆觉得五百年有点多,也可能是怕盖住了王阳明,就往下砍了两百年,说王夫之是三百年来未有之人。

三百年也好，五百年也好，都是恭维之词，做不得准。但是王夫之这个人确实有点奇怪，有人就说他跟所有的古代学者都不一样。这种不一样，主要就是一种很独特的现代性。他的观点既敏锐又迂阔，既激进又保守，但撇开这些具体观念不说，他思考问题的方式不像古代人，而颇像现代人。考虑到他能接触到的文化资源，这一点是很让人吃惊的。

当然，后人这些称赞之词，王夫之自己并不知道。在他晚年时候，天地间的尘埃似乎渐渐落定，他对反清复明大业也绝望了。王夫之关起门来，开始著书立说。他说我老了，在天地之间我一无所有，只剩下这颗心，现在就把它讲述出来。

他居住的地方，"其冈童，其溪渴，其靳有之木不给于荣，其草癯靡纷披而恒若涠"，也是一副劫后的萧条景象。而他在书斋里写了一个堂联，"六经责我开生面，七尺从天乞活埋"。他就坐在这幅堂联下，思索着这个世界何以至此。

王夫之想了很多事情，也写了几百万字的书。他说的最多的话题之一就是，关于人性的底线。他似乎相信，世界总是会出问题，各种各样的灾难也总是会降临，但是只要人们不被戾气淹没，守住基本的人性，那么情况再坏也终究有个限度。只要大家想到吃人还知道心悸神惊，看到有人倒霉还知道不赶尽杀绝，那么人间总也还不至于变成地狱。

未来会是什么样子？王夫之也不知道，但应该还是怀有希望。他在《姜斋文集》里说："阳禽回翼，地远天孤。一线斜阳，疑非疑是。"

你看，他还是想象着天上有一只大雁，在地远天孤间疲惫地飞翔，虽然天地渐渐陷入黑暗，但它看着前方那点光亮，虽然充满怀疑却终于不忍放弃，还是挣扎着要飞过去。

那只大雁就是王夫之自己啊。

"弱鸡"式男权

蒲松龄

一

明清时代的小说虽然不少,但是在文学意义上能称得上经典的,其实并不多。

除了"四大名著"以外,也就是《金瓶梅》《儒林外史》和《聊斋志异》。如果接着往下排,那可能会是明末的话本"三言""二拍","三言""二拍"虽然散乱无序,甚至还显得颇为俗气,但正是这种俗气给了它一种旺盛的生命气息,而且它的语言极其生动鲜活,在明清小说里罕有其比。再往下排的话,可能会是董说的《西游补》,这是部奇书,它本身的水平高低姑且不说,单是那份穿越感就让人吃惊,它不太像是古代人写的,倒像出自当今先锋作家之手,书中混乱不堪的情节,也很有后现代主义的味道。《西游补》再往下排,可能就会是《老残游记》,这本书苍凉大气,别有机杼,可以算成传统小说的收官之作。

如果把"三言""二拍"勉强当成一部作品，这么算下来就是十部。

至于《封神演义》，似乎很难算到文学经典里，它的架构设定很了不起，但是内容和文笔实在提不起来，打个不太恭敬的比方，《封神演义》就像一个黄金马桶，外壳精美，但里头的东西有些不堪入目。而像《镜花缘》《荡寇志》《三侠五义》《蜃楼志》之类的小说，虽然也各有各的好处，但和那九部作品比起来，还是差了一个档次。

当然，一家之言，姑妄言之，姑妄听之吧。

在这些作品里，只有《聊斋志异》是文言体小说。单就文字叙事而论，它写得真是好，可以说是文言体小说的巅峰之作，甚至超过了唐传奇。鲁迅说它"描写委曲，叙次井然""变幻之状，如在目前"，实在是一点不错。但是另一方面，《聊斋志异》里的有些篇目又让人读起来很不舒服，我们当然可以说这是历史的局限性，不好苛责古人，但个中细节，还真不能全用历史的局限性来解释，因为有些猥琐气质是不能赖到时代头上的。

胡适批评蒲松龄"取材太滥、见识鄙陋"，里面当然有偏见的成分，不能作准。蒲松龄也有见识过人之处，不能一笔抹杀，但是就《聊斋志异》的某些故事来说，胡适的批判未尝没有道理。

用现代人眼光看，《聊斋志异》最刺目之处，是它对女人的态度。这里当然有男权社会的环境影响，但问题是《聊斋志异》里的男权颇为独特，可以说另辟蹊径，创造出一种与众不同的男权。非要给它起个名字的话，可以说是"弱鸡"式男权。

一般来说，男权都信奉男强女弱。男人占有强势资源，所以产生优越感和特权感。可是《聊斋志异》不是这样。它里面的男主人公往往都很弱，不但穷，而且处理事情的能力也很差，碰到事情总是"大惧""计无所出""泣听命"。这个时候，女主人公或是人，或是鬼，或是狐，总是挺身而出，帮他脱困，帮他报仇，帮他过上小康生活。

这种模式是"女强男弱"，似乎是反男权的。可是，一旦事情解决了，男草鸡的生活小康了，男权主义马上就回来了。女主人公还是一切以对方为重，让他们过得舒舒服服。就像《聊斋志异》里的红玉，为冯生打理一切事务，"操作过农家妇"，让他丰衣足食。当然，劳作归劳作，还是要"虽严冬自苦，而手腻如脂"，不能影响冯生的审美。古代社会里女人依附男人，是因为不这样做就无以为生，没有出路。可是在《聊斋志异》的故事里，你就搞不清楚这些女人到底图个什么。只能说，按照蒲松龄的想法，男人再弱也是男的，终究高出女人一头。女人为他们牺牲，理所应当。

那么，《聊斋志异》对于封建礼教又是什么态度呢？

按照礼教的规则，婚姻必须经父母之命、媒妁之言，逾墙钻穴是要不得的丑事，至于女孩子主动投怀送抱，那就更不齿于人伦了。但是《聊斋志异》偏偏不吃这一套，狐狸女鬼固然会"夜扣书斋",就是正常女人也往往非常主动。就拿胭脂来说,她一眼就看上了秀才鄂秋隼,死命地盯着人家,秀才害羞俯首而去,胭脂还要凝眺不已。最后,胭脂还主动暗示别人给她穿针引线,说和这桩亲事。

从这里看,蒲松龄似乎非常开通。但是男女一旦上了床,情况马上就变了。他又变得非常封建礼教了。女方总是忠诚贞洁,不事二夫,而且特别善于为丈夫着想。哪怕两人不得已分离,也会劝男方纳妾,自己则是"妾为君贞",不光不另找男人,而且"奁中珍物,不蓄兰膏;镜里新妆,久辞粉黛",连梳妆打扮都戒了。

《聊斋志异》里的故事往往都是这样分成两截,上半截开放,下半截保守。这个搭配很古怪。一般来说,研究者是这么解释的,蒲松龄在《聊斋志异》里塑造了那么多主动追寻爱情的女性,说明他是反抗封建礼教的。但是他又没有完全摆脱历史局限性,所以还保留了封建礼教的一些糟粕,云云。

如果真是这样,那蒲松龄反抗的封建礼教是哪些?保留的封建礼教又是哪些呢?

很简单,他保留对自己有利的封建礼教,反抗对自己不利的封建礼教。

作为一个穷书生,如果大家都按照礼教规矩来,那他一辈子也不可能娶到美女。所以最好有积极主动的女性,打破封建礼教,跑上门来自荐枕席,不用书生三媒六聘地费事。而一旦到了手,书生当然就不希望她继续打破什么封建礼教了。还是要忠心,要伏小,要干活,最好再替自己张罗纳妾,而且对别的男人看都不要看。

这种对礼教的反抗相当鸡贼。传统的男权社会里,男人虽然地位占优,但相应的也要承担一定责任。但《聊斋志异》里的男主人公们倒好,刀切萝卜两头占,上半场北欧,下半场沙特。这就像某些男人,挣钱养家的时候想起了男女平等、妇女能顶半边天,做家务的时候忽然又想起了大男人怎么能下厨房?

你说他是保守,还是开放?

保守对他有利的时候,他就保守;开放对他有利的时候,他就开放。保守和开放都是手段,真正的核心是占便宜。

二

《聊斋志异》的故事里当然有作者的影子,不过更多是心理投射,而不是纯粹的现实。蒲松龄虽然写文章的时候才气纵横,生活上倒很老实厚道。而且他生长于孔孟之乡的山东,对儒家道德也是很信奉的。《聊斋志异》里有不少激烈的言论,其实那都是被生活逼出来的。

蒲松龄一辈子有两个大梦想。第一个梦想是做官。《夜叉国》里的少年问别人,什么是官?别人回答说:"出则舆马,入则高堂;上一呼而下百诺,见者侧目视,侧足立。此名为官。"结果少年很羡慕。

其实不光少年羡慕，蒲松龄自己也很羡慕。他做过一首曲子，单夸才子科考做官的好处："每日奔波条处里撞，一举成名四海传。歌儿舞女美似玉，金银财宝积如山；一捧儿孙皆富贵，美妾成群妻又贤；万顷田园无薄土，千层楼阁接青天……朝朝歌舞朝朝乐，夜夜元宵夜夜年。三杯酒吃的醺醺醉，美人扶到牙床边。快活浑如在天边外，荣华不似居人世间。"

说得俗气了些，但很真诚。只可惜蒲松龄努力了一辈子，也没做成官。

他从十九岁当了秀才，然后就不停考试，考了四五十年，什么也没考上，到了七十二岁的时候才勉强补了一个贡生，说起来比吴敬梓还惨。而且吴敬梓是江南少爷的底子，虽然后来落魄，但年轻时花天酒地，"三杯酒吃的醺醺醉，美人扶到牙床边"的日子，吴敬梓是有过的，而蒲松龄竟是苦了一辈子。年轻时，他穷得养孩子都困难，中年四处游幕坐馆，情形算是略好，但到了晚年，手头依然窘迫。蒲松龄出贡时，按规定应享受二十四两银子的补贴，可是当地县政府财政紧张，打了些折扣，蒲松龄七十多岁的人了，还要反复写信向县令讨要差额，他在信里还算了一份细账，抱怨该给银子的怎么给了他制钱，"七钱三发小钱四千零"，兑换起来实在吃亏，千千万万要给自己补回来。这样的信件，县令看了厌恶，后人看了悲悯。

理想中是做官的种种风光，现实中偏偏又一地鸡毛，怎能不让人怒火中烧？

《聊斋志异》里有很多故事都和科举考试有关。蒲松龄满腹牢骚，时不时就要骂几句。这方面他很像吴敬梓，但是两个人还是有所不同。吴敬梓完全反对科举制度，他虽然也积极参加考试，但在内心深处，吴敬梓觉得这一套压根就不对。《儒林外史》第一回，就借王冕之口说"这个法却定得不好！将来读书人既有此一条荣身之路，把那文行出处都看得轻了。"而蒲松龄不这么想。他对科举制度本身是拥护的。

这也不奇怪，吴敬梓出身江南世胄，如果不实行科举制，而是像汉朝那样举荐做官，他的机会更多更大。可蒲松龄是个山东县城的念书人，父亲是小生意人，无权无势。如果没有科举制，他连一点出头的希望都没有。所以，蒲松龄对科举制本身没有意见。他恨的是考官无眼。

蒲松龄平生最恨两种人，第一是泼妇，第二是考官。

《聊斋志异》里有不少篇目都和这两种人有关。泼妇姑且不论，单说考官，蒲松龄骂起来可是相当恶毒。就像《司文郎》里，有位盲僧能够从八股文焚烧的气味中，嗅出文章的好坏。他闻到考官的八股文时，就呕吐不已，放屁如雷，说这文章的味道"刺于鼻，棘于腹，膀胱所不能容，直自下部出矣！"这就是骂大街了。除了谩骂以后，还有诅咒。《三生》里的考官有眼无珠，漏掉了好文章，结果到了阴间，不但要被"白刃劙胸"，生生剖心，下辈子投胎还变成了狗。

吴敬梓没觉得八股文有什么好坏可言，都是荒唐可笑的东西。而蒲松龄则深信八股文既有垃圾，也有佳作，而考官倒也并非故意不挑好文章，"特其所见鄙耳"。

那么什么样的才算佳作呢？当然就是蒲松龄自己写的那种。

蒲松龄的文采当然好，但不是八股文要求的那种好。他的文字灵动细腻，长于叙事。但是八股文要求承转启合，层层递进，有种近乎数理公式般的缜密，蒲松龄并不适应。所以，他虽然痛骂考官不识货，说什么"蕊宫榜放，直教那抱玉卞和哭死"，其实问题可能不出在人家身上。他的朋友也看出了这一点，写信劝他不要总发牢骚，考官并没有乱来，还是要"敛才攻苦"，磨炼八股文的本领。这话蒲松龄当然也不爱听。

蒲松龄对科举如此痴迷，人们可能会有些嘲讽，甚至还可能扯到"山东人对编制的迷恋"上，但是设身处地想想，除此之外，他有什么更好的出路吗？好像也不太有。如果在江南，情形多少会好一些。那里不光文风昌盛，别的机会也多，蒲松龄光靠写骈文艳诗（这两项都是他的拿手本领），说不定就能活得有声有色。可惜他生在山东，这方面先天就吃了亏。

理想受挫，只能变形为白日梦。"歌儿舞女美似玉，金银财宝积如山；一捧儿孙皆富贵，美妾成群妻又贤"，这样的好事没法靠考场来获取，就只能靠幻想来获取了。这就像赵本山小品里说的，有人发财靠劳动，有人发财靠对缝，有人发财靠拼命，而有的人发财就只能靠做梦。也正因为这样，《聊斋志异》里才会有这么多天上掉下来的馅饼，而这些馅饼又都砸在穷书生的脑袋上。

几十年后，夏敬渠写过一部《野叟曝言》，号称是"第一奇书"，里面也是读书人的白日梦。书里的文素臣自然是作者的分身，他乃是"铮铮铁汉，落落奇才，吟遍江山，胸罗星斗……挥毫作赋，则颉颃相如；抵掌谈兵，则伯仲诸葛，力能扛鼎，退然如不胜衣；勇可屠龙，凛然若将陨谷"，赫然一个震天撼地的奇才。

蒲松龄可没有这么极端狂妄的自我膨胀。他没奢望过什么抵掌谈兵，什么扛鼎屠龙，就想过过荣华富贵的好日子。同时，蒲松龄也老老实实承认自己是个弱者，面对外界常常无计可施。所以，《聊斋志异》里的主人公从来不去指点江山、治国平天下，他们就是碰到一些爱慕者，然后软饭硬吃、人财两得。

在夏敬渠看来，蒲松龄连做梦都这么抠抠搜搜，未免让人好笑，但是蒲松龄本就不是那等妄人。现实如此冷酷，能躲在幻想世界里寻求安慰，已经是很好了。

不过情况也在起变化。一开始，蒲松龄也许就是想在笔下过过瘾，但写着写着，他也起了一份雄心，希望《聊斋志异》能够传世。这本书就成了他的另一个梦想。

《聊斋志异》的文字确实光彩夺目，可读性极强。如果蒲松龄早出生几十年，或者晚出生几十年，都能赶上小说市场的好光景，光靠刻书卖就能发笔财。可惜他出生在青黄不接的时代，刻印小说不赚钱，甚至还要贴钱。所以在蒲松龄生前，

《聊斋志异》根本就没出版，只有一些手抄本。

但是他也有赚钱的机会。山东按察使喻成龙名心很重，他读了《聊斋志异》后，想花一千两银子买断它。换句话说，就是把作者名字从蒲松龄变成喻成龙。一千两银子是笔大数目，蒲松龄为了十来两银子，都能和县令闹得脸红脖子粗，何况这么大一笔钱呢？可是蒲松龄还是拒绝了。他宁肯不要这笔钱，也不肯放弃自己的梦想。他想靠这本书名垂不朽。

而他确实也做到了。

三

《聊斋志异》颇有愤世嫉俗的色彩，但论到思想的底色，其实还是挺保守的。这也不奇怪，蒲松龄本人就很保守。除了《聊斋志异》外，他还留下了一部《蒲松龄文集》。翻翻那本书的话，就会发现他很注重传统道德，坚持"三纲五常"那套东西，有时甚至顽固得不近人情。

比如当时自杀的女性很多，大多都是受了公婆或者丈夫的虐待。出了人命，娘家人当然就会闹，官府也会对婆家给予一定惩罚。蒲松龄就坚持认为这是不对的，"此等人命，按律亦无偿法，况在翁姑男子乎？"死了也就死了，有什么好处理的？蒲松龄认为这样可以减少自杀率。也许可以吧，但这话说得确实太残酷无情，就连官府也没敢这么做。

当时还有主人虐待奴仆的事情，有的是把奴仆逼死，有的是活活打死。人命关天，奴仆的家里人当然也会闹。蒲松龄认为这也是歪风邪气。主人殴打奴仆如果不是当场击毙，而是"邂逅致死"，本就不该负责。至于奴仆自杀，干主人何事？拿这种事情打官司，属于敲诈勒索，应该严加处理。不然的话，这个社会不就名分扫地了吗？

这些话让人看了气结，但蒲松龄的真实想法就是如此。主人和奴仆、公婆和儿媳、丈夫和妻子，他们的权利义务绝不对等，这就叫"名分"。名分一旦扫地，世界也就不成个世界了。如果在上位者残酷暴虐，在下位者又该怎么办呢？只能默默忍受。如果受不了，自杀了，那也是没办法的事。

蒲松龄并非泛泛而谈，他肯定认真思考过这个问题。在《聊斋志异》里，有好几个故事都与此有关。这些故事写得很形象，很生动，但也让人读起来极不舒服。蒲松龄总是把人物放到极端的环境里，反复地折磨她们，然后又让她们无怨无悔，以此彰显道德。

最典型的是《邵女》。它讲到了一个柴姓家庭，正妻非常凶恶，丈夫娶一个小老婆，她就折磨死一个小老婆。但是男主人公并没有知难而退，还是奋发图强，一个接着一个地娶。最后没人敢嫁到这家去。但是邵女却谁都不肯嫁，非要去柴家当小老婆。她的理由很奇葩，说自己生来命薄，受点折磨，也是好事。

男主人公怕她被折磨死，准备放在外宅养着，可是邵女不干，准备用自己的道德感化正妻，而且"身为贱婢，摧折亦自分耳"，非要搬过去。正妻果然使劲折磨她，又是拿鞭子抽，又是拿针刺，还要拿烙铁烫。丈夫要替邵女出头，邵女还拼命拦着。正妻发脾气了，她就"膝行伺幕外"；正妻生病了，她就不眠不休地服侍。完全是不可救药的贱骨头模样。

结局当然很美好。正妻被感化了，神鬼也在适当的时候出手，警示正妻，最后邵女和正妻一起持家，比姐妹之间还要和谐。

蒲松龄为什么要这么写？

当然，可以说这是在宣传封建礼教，但是宣传封建礼教有很多办法，又何必把事情写得如此极端？古代评注者读到这里，也觉得过分，方舒岩就认为，就算邵女命薄多磨，也何必卑屈辱身到这个地步？但蒲松龄这样写，当然有他的目的。他是想借此强调道德的绝对性。不管婆婆、丈夫怎么凌虐自己，妻子也要心甘情愿（《珊瑚》）；不管正妻如何虐待小老婆，小老婆也要贴然无辞（《邵女》《妾杖击贼》）。上位者对你好，你才对他好，那就不叫绝对性。为了证明道德的绝对性，上位者越恶毒越好，越变态越好，这样才能凸显出下位者的道德。

可是，任何道德推演到了这个地步，都会显得不近人情，让人心生反感。不过这倒不是蒲松龄一个人的问题，整个时代确实有这个趋势。看古书时就会有这种明显的感觉，时代越往后，文人谈起道德来也就越苛刻、越绝对。从他们对女性的态度，就能看出其中端倪。

就拿史书来说，历代正史都有《列女传》，虽然说来说去都是女德那一套，但是毕竟有所不同。就拿《新唐书》来说，它是一部非常强调儒家纲常的史书，道德的弦绷得很紧。可是它表彰的"列女"还大致说得过去，并没有过于心理变态。传记里的女人当然对丈夫忠贞不贰，但是故事里多少有夫妻恩爱的成分。在性别上虽然双标，还不算太离谱。可到了明清之际，情况就完全不同了。

随便举一个《明史》的例子。据它说，在贵州有个叫唐贵梅的女人，她的婆婆和人私通，那个情夫拿钱贿赂婆婆，想把她也搞上手。唐贵梅自然不肯，婆婆开始是打，后来干脆学殷纣王，上了炮烙。但她还不肯听从，婆婆就把她告到衙门，说她"不孝"，结果又被捉去打了半死。别人劝她把实情招出来，她说那怎么行？这样对婆婆的名声不好。于是她上吊自尽了。

再比如《清史稿》，里面有一个郑氏，她的丈夫嗜酒赌博，经常虐待凌辱她，动不动还要拿鞭子抽，但是郑氏甘之如饴，丝毫没有不满的意思。后来丈夫死了，她每天都祭拜丈夫，痛哭流涕。有一天楼上失火，她把梯子撤了，不让人救，说自己要追随丈夫于地下，然后就活活被烧死了。

还有一个徐氏，她丈夫花天酒地，胡作非为，经常把她打得半死，连婆婆都看不下去了，说"夫无恩，可嫁"，可是徐氏坚决不同意；另一个管氏，情况跟徐氏差不多，最后丈夫把她给卖了，管氏觉得一女不可嫁二夫，在买主家里当场自杀。

这些故事就跟《邵女》一样，宣传的是一种下位者的绝对的、无条件的道德。儒家有君仁臣忠、父慈子孝、夫义妇顺的说法，但是这里就存在着模糊地带。这些关系是以彼此为前提的吗？原始儒家似乎认为这种关系并不绝对，多少有一些条件限制。但是到了蒲松龄生活的时代，答案早被更新强化过了。主流道德认为：姑可以不慈，媳不可不孝；夫可以不义，妻不可不贞；嫡可以不仁，庶不可不顺。上位者再怎么坏，下位者也要尽自己的本分。

哪怕是比蒲松龄晚了两百多年的钱穆，他的想法也是如此。钱穆在《中国思想通俗讲话》里就认为，舜的父母尽管极其恶毒，甚至还想害死舜，舜也还是应该孝顺，因为天下没有不是的父母，这就叫"知命"。

这种说法虽然占据了道德高地，大家不敢反驳，但是它确实不近人情，可以堵别人的嘴，但不能服别人的心。古代人读到《邵女》这样的故事，往往也会觉得不太舒服，前面提到的那位点评者方舒岩就是一例。

所以也就出现了反激。唐宋时期，道德相对宽松，对"礼教"表示不满的读书人也很少。可到明清之际，压迫性的道德说教急剧增加，可是异端偏偏也最多。这里头当然有很多原因，但人性的反弹应该也是一个重要因素。

当然，蒲松龄并不在异端之列。他性格里有轻佻浮滑的一面，但并不叛逆。蒲松龄虽然也会抱怨社会黑暗，但这种黑暗是一种具体的黑暗，他并不怀疑这个社会本身的道德基础。如果把他和吴敬梓做个对比的话，吴敬梓脑后是带着点反骨的，蒲松龄却并没有。

四

说蒲松龄"轻佻浮滑"，主要也是指他对女性的态度。这里当然要把幻想和现实区分开。在现实中，蒲松龄没有什么三妻四妾，守着媳妇过日子，也还算老实。但那只是经济条件不允许，蒲松龄并不是没有花花心思。一旦有机会，他也冶游嫖妓，而且形诸笔墨，什么"灯前色授魂相与，醉眼横波娇欲流"，一副沾沾自喜的样子。当然，这也是时代风气所致，不能说是蒲松龄一个人的问题。不过除了冶游之外，他也有过比较深刻的婚外恋，对方是一个叫顾青霞的女子。

顾青霞曾是一位青楼歌姬，后来嫁给了宝应知县孙蕙，做了他的小妾。蒲松龄是孙蕙请来的幕宾，彼此还是朋友关系，颇有些交情。两人聚会饮宴的时候，顾青霞有时也会参加。日子一长，蒲松龄就恋上了朋友的小妾。本来恋上了也就恋上了，默默地思念也就是了，蒲松龄还要写诗，写完诗还要收到自己集子里去。他有一首长长的《梦幻十八韵》，幻想着和爱人"帐悬双翡翠，枕底两鸳鸯"，据考证这首诗就是写给顾青霞的。蒲松龄虽然对朋友小妾有性幻想，但好在没有指名道姓，孙蕙未必明白怎么回事。但是蒲松龄后来干脆挺身而出，在孙蕙面前为情人鸣不平。

问题出在孙蕙家庭关系上。孙蕙是个喜新厌旧的浪子，家里有好多侍妾，对顾青霞新鲜一阵儿，也就渐渐淡了。这当然不好，但毕竟是人家的床笫私事，轮不到朋友过来干预。可是蒲松龄不知怎么就听说了这事，非常着急。他连着写了好几首诗词送给孙蕙，劝他千万不要冷落了顾青霞，还是要多亲多近，尽量睡在一起。诗词写得很动情，把顾青霞独守空闺的惆怅烘托得非常到位，什么"咫尺欢爱，似隔云泥""衷怀欲向郎君道，从旁妒眼知多少"；同时也写得很色情，什么"细臂半握，小腰盈把""匆匆一抱，不类人间"。也不知道他是在劝朋友怜惜侍妾，还是为了自己过瘾。

孙蕙没做任何回应。过了不多久，两人就翻脸了。翻脸是不是跟这些诗词有关，不好妄加推测，但想来孙蕙读了以后没有欢天喜地。

对于蒲松龄来说，这段柏拉图式的恋情是刻骨铭心的。似乎《娇娜》这个故事里就有它的影子。男主人公暗恋娇娜，但这段爱情无疾而终，变成了单纯的友谊。两人各自婚娶，"棋酒谈宴若一家然"，然而终究不涉于乱。《娇娜》写得健康明媚，在整本书显得非常醒目。但即便这样，蒲松龄也忍不住做了一些技术处理。娇娜虽然没能嫁给男主人公，但是她丈夫被雷活活劈死，一个人爽爽利利地做了男主人公的红颜知己。如果《娇娜》真是蒲松龄想着顾青霞写出来的，那他对朋友的居心实在有点不堪问。

在故事后面的"异史氏曰"里，蒲松龄又大发了一通议论："余于孔生，不羡其得艳妻，而羡其得腻友也。观其容，可以忘饥；听其声，可以解颐。得此良友，时一谈宴，则'色授魂与'，尤胜于'颠倒衣裳'矣。"

不"曰"还好，"曰"完以后多多少少还是露出了一点下作相。这么说可能有人会觉得有些苛刻，那么就看看《聊斋志异》里的另一篇奇文《犬奸》，那绝对是难以掩饰的下作相了。这篇故事过于黄暴，读起来甚至有点毛骨悚然，就不转述了，大家自己找来看看也就是了。舒芜特别厌恶《聊斋志异》，说它"诲淫教暴"，对女性有种病态心理，他的依据就是《犬奸》《五通神》之类的故事。

舒芜先生说得也许有点过分，但要是说里面有猥琐之气，那是没有问题的。比如在《犬奸》故事的结尾，蒲松龄特意写了一段"异史氏曰"，骈四俪六，比故事正文还长："……夜叉伏床，竟是家中牝兽；捷卿入窦，遂为被底情郎。云雨台前，乱摇续貂之尾；温柔乡里，频款曳象之腰。锐锥处于皮囊，一纵股而脱颖；留情结于镞项，甫饮羽而生根……"

蒲松龄写这段文字的时候，估计是自觉文采飞扬，谐趣百出，相当得意，但在我们看来，恐怕真的只能用下作、猥琐来形容了。有部《聊斋志异汇注汇评》，收录了历代的点评，大家一路评论过来，到了这一篇却集体敛声，既无眉批，也无尾批。蒲松龄精心构撰的长篇"异史氏曰"，也没人称赞一句，推想起来，他们都被这篇文字的下作猥琐之气给惊着了。

　　这么说并不是想要批判蒲松龄。蒲松龄一生没做过什么坏事，而且也确实惊才绝艳。如果换一个环境，他单凭写故事的才能就足以风生水起，何至于皓首牖下，穷愁以没？说起来也是生不逢时，给耽误了。但是也不能就此过分美化他。蒲松龄生活在一个偏狭僵化的时代，而他又不是一个出色的思想者，能够摆脱环境的影响。老实讲，蒲松龄的境界比曹雪芹固然是大大不如，即便吴敬梓也超出他一头。单就思想观念而言，他大致就是那个时代知识分子的平均值，哪怕高一些也高得有限。

　　好在他有想象的能力，有叙事的能力，他这些能力放在任何时代都是一流的。那么，一个有超级想象力，而又不太得志的清朝秀才，会胡思乱想出什么念头来？看看《聊斋志异》也就知道了。在文学上，它是难得的瑰宝，在思想观念上，它又是个难得的标本。

　　这个标本也在提醒我们——对古代的男人实在不宜期望太高。至于现在的男人呢？那就不知道了。

尖刻的理想主义者

吴敬梓

一

有一篇比较金庸和古龙的文章，谈到了两人笔下的食物。比如"鸳鸯五珍脍"，一听就很名贵，但写得太虚，勾不起读者的食欲。再比如黄蓉给洪七公做的菜，"二十四桥明月夜"，是在一只火腿上挖出二十四个圆孔，再切二十四个嫩豆腐球塞进去，用小火蒸，蒸熟了以后只吃豆腐，火腿弃去不食。还有"玉笛谁家听落梅"，是拿四种肉条拼成，分别是羊羔坐臀、小猪耳朵、小牛腰子、揉在一起的獐腿肉和兔肉。这些菜多少有点无事生非的感觉，也许好吃吧？但似乎仪式性大于口感。就算金庸拼命描写洪七公吃得如何陶醉，读起来还是很难共情。

相比之下，古龙写的吃食就比较接地气："盘子里有两只烤得黄黄的乳鸽，配两片柠檬，几片多汁的牛肉，半只白鸡，一条蒸鱼，还有一大碗浓浓的番茄汤……"没那么多穷讲究，但深夜读起来就觉得馋。在《白玉老虎》里，大反派唐缺哪怕就是拿白馒头夹着五花肉吃，"肥肥的油汁从他嘴角流下来"，看着也比"二十四桥明月夜"更诱人。

不光武侠小说如此，古典小说也有这种分别。

就拿《红楼梦》来说，里头倒是写了不少美食，最有名的就是王熙凤口里的茄鲞，"把才下来的茄子把皮刨了，只要净肉，切成碎钉子，用鸡油炸了，再用鸡脯子肉并香菌、新笋、蘑菇、五香腐干、各色干果子，都切成钉子，拿鸡汤煨了，将香油一收，外加糟油一拌，盛在瓷罐子里封严，要吃时拿出来，用炒的鸡瓜一拌就是。"听着就觉得累，但是滋味如何，就像"玉笛谁家听落梅"，实在无从想象。

而《儒林外史》就有点像古龙的小说，里面的吃食都很朴实，充满市井气，并不精致，顶级的也无非是"陈过三年的火腿，半斤一个的竹蟹，都剥出来脍了蟹羹"，但写在纸上，就让人觉得有胃口。所以，张爱玲提到自己长辈的时候才会说，"从前相府老太太看《儒林外史》，就看个吃"。

要想把吃写得生动诱人，当然首先要接地气。再有一条，就是吃东西的人不光要投入，还要有一种直接的生理性愉悦。洪七公在美食上虽然投入，但太过求奇求变，品鉴的乐趣大于口腔的乐趣。《儒林外史》里有个最醒目的吃货，就是马二先生。他吃的东西远没有洪七公那么丰富，但胜在朴素质拙，元气充沛，什么东西到他嘴里都显得香。在这一点他就胜过了洪七公，或者换句话说，吴敬梓就胜过了金庸。

马二先生又黑又胖,看着就像一块赤酱红烧肉。他走到哪里,哪里就显得开胃。蘧公孙请他吃饭,摆出一碗炖鸭、一碗煮鸡、一尾鱼、一大碗煨得稀烂的猪肉。马二先生"吃了四碗饭,将一大碗烂肉吃得干干净净。里面听见,又添出一碗来,连汤都吃完了。"这不比什么"鸳鸯五珍烩"听着过瘾?

马二先生游西湖的时候,更是一路茫然大嚼,也顾不得看湖景看女人。"女人也不看他,他也不看女人",马二先生满眼都是饭馆,"望着湖沿上接连着几个酒店,挂着透肥的羊肉,柜台上盘子里盛着滚热的蹄子、海参、糟鸭、鲜鱼,锅里煮着馄饨,蒸笼上蒸着极大的馒头"。人家眼里的西湖是苏堤断桥三潭印月,他眼里的西湖就是美食一条街。

不过,在《儒林外史》里有马二先生这样的吃货,也就有反着来的,那就是天长才子杜慎卿。杜慎卿是《儒林外史》中头一号雅人。他雅到什么程度呢?就是几乎不怎么吃东西。他也摆酒请客,但一上来就声明:"我今日把这些俗品都捐了,只是江南鲥鱼、樱、笋,下酒之物,与先生们挥麈清谈。"当下摆上来,果然是清清疏疏的几个盘子。这些东西不太挡饿,所以又叫了些点心,猪油饺饵,鸭子肉包的烧卖,鹅油酥,软香糕。杜慎卿在里头也只挑了一片软香糕吃。樱桃宴的次日,人家在聚升楼酒馆回他的席,点了一卖板鸭、一卖鱼、一卖猪肚、一卖杂脍,"众人奉他吃菜,杜慎卿勉强吃了一块板鸭,登时就呕吐起来"。

这和马二先生几乎不像是一个物种。

二

马二先生是个俗人，满脑子都是科举功名，一心靠科举荣宗耀祖，挖出书中的黄金屋来。在他看来，就连孔子活在今天，也要钻研自己"曰"出来的《论语》，从里头找题目学习八股文。不然的话，"哪个给你官做？"作者吴敬梓让马二先生发这番高论，揶揄之状可见。

说到这里，就要说说吴敬梓对科举的态度。《儒林外史》里对科举考试厌恶至极，用很大的篇幅嘲笑埋头八股文的读书人。在这一点上，它有点像《聊斋志异》。但是，大家要注意，考中的不会骂，兴趣不大的想不起来骂，凡是痛骂科举考试的，都是努力参加科考而没考上的。蒲松龄是这样，吴敬梓也是这样。

吴敬梓十八岁就考上了秀才，但是从那以后就停顿下来了，再也没能更进一步。这并不是说他对科举不感兴趣，其实他还是相当热衷的。有一年他参加乡试预考，在考前高谈阔论，发表了一些忌讳言论，主考者说他言辞不谨，要把他黜落。吴敬梓吓坏了，只好"匍匐乞收"。人家指着鼻子一顿臭骂，他也默默忍受了下来。结果预考倒是过了，乡试依旧没中。

但是这不符合他对自己的心理定位。在内心深处，吴敬梓给自己定的人设应该是《儒林外史》里的杜少卿。杜少卿身上有吴敬梓的影子，但是又经过了很大的夸张，用弗洛伊德学派的说法，算是吴敬梓的"超我"吧。杜少卿磊落洒脱，视功名如粪土，"乡试也不应，科、岁也不考，逍遥自在"。而且朝廷知他大名，要征辟他到北京当官，杜少卿却不肯去。这是何等的潇洒体面！跟那个匍匐在地乞求收录的秀才，真是有天渊之别。

杜少卿是吴敬梓想成为而没有真的成为的人。吴敬梓一边想中举，一边又对自己的热衷有点鄙视，这种心理状态其实和蒲松龄颇为类似。也正因为如此，他们才会如此猛烈地攻击科考吧。说起来这也是人之常情，一个人最厌恶的品质，往往也就是他自己身上隐藏的缺点。

在《儒林外史》里，凡是迷恋科举的人，都显得庸俗可笑。周进如是，范进如是，马二先生亦如是。马二先生每次出场，作者笔下都有股居高临下的调侃味道。但是，和描写范进之流不同，这种调侃里多少还是掺杂着一些温柔，甚至是敬重。

马二先生虽然好笑，但他也是个大大的好人，心底纯善，一片光明。《儒林外史》里也写了不少好人，但都不及马二先生动人。虞博士好得寡淡，庄征君好得做作，鲍文卿好得下贱，杜少卿好得有点缺心眼，反倒是马二先生这种迂腐的好，让人看了打心眼里觉得感佩。蘧公孙出事的时候，马二先生把身上的银子全都拿出来给他摆平这事；遇到骗人的假神仙，马二先生自掏腰包给他下葬；碰到萍水相逢的匡超人，马二先生出手就送他十两银子，劝他好好读书。马二先生并不是有钱人，他这么做，就是单纯的善良。一脸的红烧肉气色，一脑子的迂阔念头，也掩盖不住的善良。

少年时读《儒林外史》，只把马二先生当成丑角，将这种善良轻轻放过，岁数大了些，再看马二先生，就会不由自主地感慨。

那么天长才子杜慎卿呢？高雅固然是高雅，见识也比马二先生高，但心里头少了那份善良。用书中娄太爷的话说："也不是什么厚道人。"就像戏子鲍廷玺在他家当帮闲，溜须拍马地混了几个月，最后想问他借点钱，杜慎卿直接说不给也就罢了，他偏偏来了个"祸水东引"：我的钱是有用的，不能借给你，但是我给你指一条明路，你找我堂弟杜少卿借钱去！他脑子糊涂，最喜欢乱借钱给人了，他给你钱了，"也只当是我帮你一般"。——这不光是不厚道，还有点缺德了。

很明显，吴敬梓讨厌杜慎卿。

《儒林外史》里的人物几乎都有生活原型。马二先生的原型就是冯祚泰，"冯"字拆开就是"马二"。再比如说匡超人，书中特别醒目的一个小人，据后人考证，他的原型应该是汪思迴，当时著名的时文选家。不过吴敬梓为了夸张有趣，多少有点丑化了这些原型人物。就拿冯祚泰来说，并非马二先生那样"不喜杂览"的书呆子，人家还研究黄河治理，写过四卷《治河前后策》。至于汪思迴，虽然经历和匡超人极为吻合，但人家并非凉薄小人，甚至还颇有仗义的口碑。

要说起来，吴敬梓的心理素质也正是挺强大。无论冯祚泰还是汪思迴，都是他的私人朋友，而且关系还不错，他就这么编排人家。《儒林外史》写完了他还给朋友们传看,也不怕得罪人。冯作泰被写成马二先生也还罢了,老汪活生生被写成寡廉鲜耻的匡超人,不知道读后会做何感想。

至于杜慎卿,他的原型又是谁呢?胡适考证说是作者的从兄吴檠。从人物关系上看,这颇有道理,但似乎并不太全面,因为不少细节对不上。吴敬梓写人物的时候,有时候会把不同的原型捏合在一起,这也是作家常有的手段。杜慎卿恐怕也是如此。除了吴檠以外,他多半还有另外一个原型,那就是才子袁枚。

杜慎卿熏香,袁枚也熏香;杜慎卿好男色,袁枚也好男色;杜慎卿吃软香糕,袁枚也爱吃软香糕,在《随园食单》里,还特意点出哪里的软香糕最好吃;而杜慎卿声称自己纳妾只是为了解决后嗣问题,其实对于女人,"隔着三间屋就闻见她的臭气!"而袁枚也是"无子为名又买春",拿着没后嗣的幌子,到处乱搞。

现实生活中,吴敬梓一直看袁枚不顺眼,趁写书的时候把他拿来刻薄一番,确实也大有可能。

三

那么袁枚又是何等样人呢?

他是个典型的才子。才子该有的优点他都有,该有的毛病他也都有。袁枚的思想比较通达，但他那种通达是才子式的通达，对什么都不太在乎。信也信得马马虎虎，反也反得马马虎虎，图的是那种标新立异的洒脱劲儿。袁枚对自己的是评价是"郑孔门前不掉头，程朱席上懒勾留"，跟正统学说保持距离。这当然是他可贵的地方。但是他保持距离，并非他如何反对那些东西，主要还是因为大家都拥护"郑孔程朱"，他要是也扎堆儿，就显得俗了。所以要远远站在一旁，不即不离，与众不同。

袁枚有些想法很奇怪。比如说他一点都不歧视妇女再嫁。这很值得称赞。但是他提出来的理由有点让人无语，那就是《道德经》里说的"不为天下先"。袁枚认为，"八珍具而厨者先尝，大厦成而匠人先坐"，有什么关系呢？

比他晚上几十年的俞正燮，也为妇女再嫁辩护过，但提出的理由主要是女人自身的角度出发的。俞正燮认为"夫死不嫁论"既不人道也不公平，"是无耻之论也"。这就不是袁枚那样从使用性上入手：只要菜好，掌勺的尝过一口就尝过一口吧。

这就是才子型文化人和老实型文化人的区别。

老实人可能会显得有点呆，过于严肃。才子呆倒不呆，就是显得有点轻佻犯贱。就像俞正燮对女性的同情向外的，不指涉自己。而袁枚的同情则不由自主地往吊膀子上靠过去了。这就让人想起另一位才子龚自珍，他吟过一首轻佻犯贱的诗："偶赋凌云偶倦飞，偶然闲慕遂初衣。偶逢锦瑟佳人问，便说寻春为汝归。"翻译过来大致意思就是：我嫌工作累，辞了编制回老家了，忽然碰见了一位漂亮小姑娘，她问我怎么回来了？我就说，想你了呗！

王国维是个正经人，用鲁迅的话说："老实得像火腿一样。"他的《人间词话》明明谈的是词，却特意把龚自珍这首诗拿来批判，说"其人之凉薄无行，跃然纸墨间"，可见厌恶之深。

王国维不喜欢龚自珍，吴敬梓也不喜欢袁枚，而袁枚反过来也讨厌他。他们俩都住在南京，都做过两淮盐运使卢见曾的幕宾，朋友圈也有很大交集，但是两人几乎绝无往来，只是遥遥地在文字里互相刺对方两句。他们为什么互相看不惯呢？也没什么明显的过节，说到底就是两种性格的对立。在这种对立的核心，就是对世界和人生的看法不同。

吴敬梓跟王国维不一样，他是个聪明的刻薄人，从《儒林外史》这本书就能明白，他对人情世故看得一清二楚。而且吴敬梓也有放荡轻浮的一面。他年轻追慕魏晋风度，还没学会嵇康的洒脱，倒先学会了石崇的阔绰。他好做冶游，挥金如土，所谓"伎识歌声春载酒""缠头十万等闲看"，歌儿舞女，好不快活。祖上留给他的二万多两银子的家产，被他花得滚汤沃雪一般，所剩无几。胡适说，"吴敬梓的财产是他在秦淮河上嫖掉了"。这话对，但也不完全对。他大手大脚，心肠又热，仿佛散财童子一般，一高兴就喜欢胡乱施舍，所以那些钱也未必都是自己花掉的，可能是大家群策群力的结果。《儒林外史》里的杜少卿,"最好做大老官,听见人向他说些苦,他就大捧出来给人家用",结果守不住祖先的家业。这段描写是吴敬梓的夫子自道,他的财产就是这样败掉的。

吴敬梓虽然少年轻狂,老来尖刻,但是在内心深处,却始终是个热诚的理想主义者,冲劲儿上来的时候不计后果。就连许知远老师跟他一比,都会显得有点太庸俗了。他们俩要是碰面,吴敬梓会反过来拿着话筒问许知远老师:"对这个时代,你就没有什么想说的吗?"

理性主义者的共同特征,就是对现实世界不满意。这道理也很简单,不管现实多好,跟理想也一定有落差。没有差距就不叫理想了。吴敬梓对现实世界很不满意,他写这部冷嘲热讽的《儒林外史》,就是为了表达这种不满。既然有不满,他就希望矫正这个世界,让它变得更好。

但他的理想世界到底是什么样子呢?吴敬梓自己其实也说不清。

《儒林外史》里有几位高大上的正面人物,王冕、杜少卿、虞育德、庄绍光、迟衡山……总体来说,除了杜少卿以外,写得都不成功,远远比不上反面人物那么鲜活生动。而且,这些正面人物一旦说起自己的理念来,也都含糊其词,无非是些淡泊名利、礼乐教化的老生常谈。看完整本书,还是搞不清楚他们心中憧憬的世界到底是何等样子。当然这也不是他们独有的毛病,大部分理想主义者其实都描绘不清自己的理想世界。

不过，吴敬梓还是给自己的理想竖立了一个象征物，那就是"泰伯祠大祭"。

"泰伯祠大祭"是全书的核心事件，也是作者设计的大高潮。千川归海，万岳朝宗，书中重要人物都躬逢其盛，襄赞祭礼，形成一次精神上的大震撼。这场大高潮、大震撼发生在第三十七回，也是全书最枯燥的一回。吴敬梓仔仔细细描写了整个过程，仿佛它具有极重要的意义，但相信百分之九十九的读者都把这一大段跳过去了。

这件事在现实中真的发生过。泰伯是古代传说中的人物，据说是周太王的长子。泰伯本该继承王位，但是他觉得三弟更有出息，也更得父亲的欢心，于是就把位置让给三弟，自己跑到了吴国，做了那里的君主。顺从父亲的心意，这是"孝"；不贪王位，这是"让"。所以儒家非常尊崇他。吴敬梓后来搬到南京居住。南京属于古代吴国的疆域，所以泰伯也算是南京的乡贤，那里一批文化人就集资修了一个"泰伯祠"，落成后也确实搞了一次大型祭礼。

吴敬梓对这件事非常热心，是整个活动的倡议者。那个时候他手头已经很窘迫了，经常要卖书换米，才能勉强度日。都穷成这样了，他还捐大把钱来修"泰伯祠"。后来实在拿不出钱了，他干脆把老家的房子都卖了。就这样，"泰伯祠"终于修成，"宇宙极宏丽"，而吴敬梓的家产也彻底荡尽。此后有一阵子，他只能靠种菜、打短工过日子。冬天太冷，没钱烤火，他就沿着南京城墙猛走几十里，称之为"暖足"。

这真是让人难以理解。说到底，修这个"泰伯祠"到底有什么用呢？

按照《儒林外史》的说法，修"泰伯祠"可以昌明古礼古乐，助一助教化。可是，南京的老百姓真被这个祠堂教化了吗？当然不会。吴敬梓描写"泰伯祠大祭"的时候，也只含含糊糊说老百姓们"扶老携幼，挨挤着来看"，看完以后呢？"众人都欢喜，一齐进城去了"。

然后这个事儿差不多就算拉倒了。

不拉倒又能怎么样？"泰伯祠大祭"写到纸上都觉得枯燥，现场又能好到哪里去？哪里有唱戏好看？众人第一次来看个新鲜，以后谁会没事了到这里来受教育？

吴敬梓也意识到了这一点。在全书结尾处，他写到"泰伯祠"的下场。大殿的屋山头倒塌了一半，两扇大门也坏了一扇，殿堂格子也没了，楼板更是一片都没剩下，只有几个老妇人在里头择菜。整个"泰伯祠"，竟成了一片废墟。

在《儒林外史》里，这个景象颇有象征意味。对于吴敬梓来说，它标志着理想在现实世界中的侵蚀。一个祠堂真的能教化世人吗？他自己也未必信，不然也不会把它的结局写得如此荒芜。

但就算撇开实际功效，再追问一句，这个祠堂到底能够承载什么样的理想？古礼古乐背后是一个什么样的精神世界？吴敬梓恐怕说不清楚。如果他能说清楚，虞育德、庄绍光、迟衡山那些人物也就不会显得如此苍白寡淡。

但是,他依旧是热诚的。理想世界的模糊并不妨碍他的热诚。他也许不知道理想世界是什么样,但他知道,世界不该是现在这个样。人们不该如此寡廉鲜耻,不该如此势利做作,不该如此利欲熏心。如果世人变成了这样,那么世界一定出了乱子。

面对出了乱子的世界,吴敬梓会尝试去矫正它——用文字去矫正它,用礼乐去矫正它,用"泰伯祠"去矫正它。对于他的做法,我们也许会觉得有些迂腐,但是那份热诚却无法否认。

吴敬梓是一个认真的人。在他心目中,世界是一个严肃的所在,值得人们为之努力,为之战斗。

四

袁枚就是另外一种性格。

他才华横溢,思想通脱,但没有多少理想追求。袁枚一生活得很自在,手里有钱,跟达官贵人的关系也好,而且从不浪费任何享受的机会。钱锺书说他"佻侻放肆,荡检逾闲,盛名之下,占尽韵事",让同时代的文人既羡又妒。这么一个会生活、会享受的人,才不会去修什么"泰伯祠",而只会修他漂亮的"随园"。

他有一些奇思妙想,但对待这些思想也不如何认真。他真正迷恋的还是自己。这也是才子们的共同特点。才子们擅长谈古论今，指天说地，但古今天地都是为了烘托他自己的潇洒身影。就像《儒林外史》里的杜慎卿，大家都在雨花台赏景，他却独独"太阳地里看见自己的影子，徘徊了大半日"。

对外部世界，他相当满意。在袁枚眼中，整个世界就像一场大宴席，而像他这样的才子，有权在这个宴席上占据一个特别好的位置。"此地若教行乐死，他生应不带愁来"，这辈子就这么爽死算了。

吴敬梓觉得世界污秽不堪，对于文人来说尤其如此。他在《儒林外史》的开头就借王冕之口，预言式地写道："你看贯索犯文昌，一代文人有厄！"袁枚就会觉得这种想法奇怪透顶。他在给朋友的书信里说："我辈身逢盛世，非有大怪癖、大妄诞，当不受文人之厄。"两人居然是截然相反的说法。

到底吴敬梓说得对，还是袁枚说得对呢？

当然也不好评判，但这倒是让人想起了另一件事来。在袁枚当县令的时候，曾处理过一个案子。有位老文人给朋友写讣文时，夸奖死者仁厚，对手下的佃户经常赦其欠租。因为误用了这个"赦"字，老文人被立案侦查。袁枚心肠软，格外宽大处理，打了他一百板子，判处三年徒刑。

这个老头何尝有什么大怪癖、大妄诞？最多就是心不够细。有过这样的阅历，袁枚为什么还会在信里这么说呢？说到底，无非是因为事情发生在别人身上，时间一久他也就胡乱淡忘掉了。

吴敬梓和袁枚对世界的看法大相径庭，这里有境遇的因素，但主要还是性格的不同。他们完全是两类人，而且世界上总是有这两类人。几百年前是这样，几百年后还是这样，再过一千年恐怕也是这样。

吴敬梓他们永远不会理解袁枚他们怎么就对世界这么满意；而袁枚他们也永远不会理解吴敬梓他们怎么就对世界这么挑眼。吴敬梓他们会觉得袁枚他们是自恋的犬儒；而袁枚他们只会觉得吴敬梓他们是迂阔的傻子。

一座巨大的深渊　　鲁迅

一

近现代中国作家之中,鲁迅的影响当然是最大的。鲁迅文字里有种奇特的氛围,坚硬如石,浓郁如酒,懂与不懂都会受到冲击。

而鲁迅文字的巅峰,可能还是那本薄薄的《野草》。

这是一本绝对的天才之作,直到今天恐怕也没有哪部散文集能超越它。它有强大的文字魅力,哪怕是不喜鲁迅的人,也能感受到。比如王鼎钧就不太喜欢鲁迅,提起鲁迅的时候,多有贬词,但是他独独偏爱《野草》,甚至说文学史有三大憾事,一是《红楼梦》没写完,二是《野草》太短,三是《诗经》孔子删得太多。

《野草》里有很多诡异的意象,让人难以忘怀。比如有一篇《复仇》,说有一男一女,全身赤裸,捏着利刃,彼此对视着。他们似乎就要彼此拥抱,也似乎将要彼此杀戮。周围一大群人等着看热闹，看流血，或者看拥抱。但是这俩人一动不动，大家就走散了。这对男女还是不动，"以死人似的眼光，赏鉴这路人们的干枯，无血的大戮，而永远沉浸于生命的飞扬的极致的大欢喜中"。少年时候读到此篇文章时，对它背后的寓意浑然不解，但心头仍旧震动不安。这就是鲁迅独有的力量。

还有《失掉的好地狱》。它说地狱荒废太久了，油不热了，剑树没了光芒，鬼魂们也号叫着要反狱。这时人类仗义执言，赶出魔王，攻陷魔界，派使者整饬地狱，磨砺刀山。于是，鬼众们在沸油中纷纷怀念起以前"失掉的好地狱"。这篇文章写在1925年，隐喻的是军阀政治，但是对今日的读者而言，重要的不是那段历史背景，而是其想象的恣肆，文字的奇崛。就像文中说"天地作蜂蜜色的时候"，这份怪异的形容就让人吃惊。

还有短短的《墓碣文》，颇有狂人气质。它说在一座坟的墓碑上刻着难以索解的话："……于浩歌狂热之际中寒；于天上看见深渊……"。而绕到墓碑后面，看见一具死尸，胸口有个大洞，心肝已经没了。碑后也刻着一段话："抉心自食，欲知本味。创痛酷烈，本味何能知？……痛定之后，徐徐食之。然其心已陈旧，本味又何由知？"

中国以前绝没有这样的散文。鲁迅可能受了几个外国作者的影响，比如德国的尼采、法国的波德莱尔、俄国的安德烈耶夫，但是不管受到何等影响，文字里还是带有独特的鲁迅味道。

而在整本《野草》里，《影的告别》给人印象最为深刻。

影子对身体说，我不愿意跟着你了，因为我很挑剔的。"有我所不乐意的在天堂里，我不愿去；有我所不乐意的在地狱里，我不愿去；有我所不乐意的在你们将来的黄金世界里，我不愿去。"现在我不乐意你了，所以我要离开。可影子又能去哪里呢？到黑暗里去吧，黑暗会吞没我。到光明里去吧，我是个影子，光明会让我消失，那么我该去哪里呢？我不如向黑暗里彷徨于无地。那时，"我姑且举灰黑的手装作喝干一杯酒，我将在不知道时候的时候独自远行"。

如果把它当诗看的话，这就是最好的汉语诗。

单从文学角度看，《野草》应是鲁迅最好的作品，超过了他的小说和杂文。也许这是因为鲁迅的内心世界太复杂幽深，小说也好，杂文也好，线条毕竟过于清晰，怎么写也只能是鲁迅幽暗世界的删减版。散文诗这种题材比较暧昧，正好传达出他的心情。他写《野草》的时候，应该是处于一种放纵的状态，任由激情喷薄而出，幻化成这样瑰丽奇幻的文字。后来，他就写不出来这样的东西了。

不过，这里也有时代的馈赠。

鲁迅写作《野草》的时候，现代白话文刚刚兴起，作为一种文体还不够流畅圆熟。现代人读那个年代的文字，往往会觉得拗，觉得涩。对于一般作者来说，这种"拗"和"涩"是个极大的包袱，但对于鲁迅却变为优势，成为他冶炼的炉火，将文字锻出金石之声。如果鲁迅使用现代流畅的文体，当然依旧会是一代大家，但是文字间的魅力可能会失色不少。

二

鲁迅的杂文当然也非常好，其平均水平至少不在小说之下。他的杂文有一种张力，能不经意地往深远处拓展。打个不恰当的比方，跟别的杂文作者相比，鲁迅好像多出了一个维度，文字中的空间比别人大得多。

但是鲁迅的杂文也并非一直都好。他早期的杂文非常出色，从《热风》一直到《华盖集》，都保持了极高的水准。然后就有点走下坡路的感觉。到了《南腔北调集》《花边文学》，差不多就是他杂文的谷底。这些集子里当然也有不少好文章，但有些确实有点无聊，整体是天天跟一帮烂人吵架，而且越吵越无趣。

鲁迅早期也和人吵，和陈西滢吵，和徐志摩吵，和顾颉刚吵，和高长虹吵，但总是吵得颇为有趣，当成逗乐段子看都可以。而到了三十年代，鲁迅吵起架来，就渐渐往生硬粗暴的路子上走，有时还会上纲上线，扣上一些大帽子。有些人对鲁迅的观感不佳，就跟这些文章有很大关系。不过，到了生命的最后阶段，鲁迅又回归自我，找到了原来的感觉。他的《且介亭杂文》以及它的二集、末编，水平都极高，不少文章都是足以传世的经典之作。

现在有不少人捧周作人的杂文。周作人写得当然很好，但比起鲁迅来，还是差了一截。周作人的文章很像他的性格，属于典型的书斋型文章，好处是悠远，坏处是枯寂。他太爱掉书袋，一千字里恨不得八百字是引文，写出来往往是这么个调门："不佞最近翻阅明人笔记，有几则颇有趣味，（引用四百字）……这种情形在西方也是有说法的，蔼理士说过，（引用两百字）……日本民间传说中有类似故事，（引用四百字）……"

跟鲁迅比起来，他的文章有从容的气度，但缺少生命的活力。周作人的文章像是用浓茶写成的，而鲁迅的文章像是用鲜血写成的。看周作人的文章，会觉得他真是博学，读了无数的书，可是读鲁迅的文章，就不太会有这种感觉。其实，鲁迅读的书一点不比周作人少，阅读范围甚至更广。但是他把那些书融入文章的血脉中，你看不到它们的形体，只能感受到那种文化的纵深感。这才是写作的化境，周作人距此还是颇有距离的。

鲁迅的杂文更有一种难得的幽默感。当时林语堂大力提倡幽默，把"humor"翻译成"幽默"，也是他的主意。鲁迅对林语堂的"幽默小品"相当反感，找到机会就要刺两句。在《理水》这个短篇小说里，鲁迅杜撰出一个伏羲朝的"小品文学家"，开口言道："吾尝登帕米尔之原，天风浩然，梅花开矣，白云飞矣，金价涨矣，耗子眠矣，见一少年，口衔雪茄，面有蚩尤氏之雾……哈哈哈！没有法子……"这影射的就是林语堂。

但是,鲁迅虽然不以幽默为意,觉得标榜幽默很容易变成肉麻当有趣,但是他的幽默感其实在林语堂之上。林语堂写起幽默文字来,就像现在的脱口秀节目,上来就摆个架子,"我要给大家幽默一下了!"你要不笑他还紧张。而鲁迅的幽默就很自然随意,用现在的话说就是冷幽默。

比如他在《华盖集》里有篇《论辩的灵魂》,学起民国初年的杠精,真是学得活灵活现:"你说甲生疮。甲是中国人,你就是说中国人生疮了。既然中国人生疮,你是中国人,就是你也生疮了。你既然也生疮,你就和甲一样。而你只说甲生疮,则竟无自知之明,你的话还有什么价值?倘你没有生疮,是说诳也。卖国贼是说诳的,所以你是卖国贼。我骂卖国贼,所以我是爱国者。爱国者的话是最有价值的,所以我的话是不错的,我的话既然不错,你就是卖国贼无疑了!""你自以为是'人',我却以为非也。我是畜类,现在我就叫你爹爹。你既然是畜类的爹爹,当然也就是畜类了。"

这样的文字即便搁到今天看,也是不过时的。

鲁迅和人吵架,几乎无往而不利,可以算得上民国时代的吵架王。这和他的幽默感就有很大的关系。鲁迅往往寥寥几笔,就能给对方勾画出一个白鼻子小丑的形象,让人发笑。这种勾画未必公允,但对方确实很难反击。你可以反驳一个人的逻辑,但很难反驳一个人的幽默。别人说你这段话是胡扯,你当然可以罗列证据,一二三四五,可见我是有道理的。但倘若别人拿你当个笑话叫，还不幸把大家都逗乐了，这个时候再一本正经地反驳，就会显得有点傻。幽默往往只能用幽默来反击，但是鲁迅的对手基本都缺乏这个能力。

比如梁实秋先生，他文学才能是很好的，但吵架的时候就显得有气无力。冯乃超骂他是资本家的走狗。梁实秋怎么反驳呢？"说我是资本家的走狗，是哪一个资本家，还是所有的资本家？我还不知道我的主子是谁，我若知道，我一定要带着几份杂志去到主子面前表功，或者还许得到几个金镑或卢布的赏赉呢。"梁实秋多半以为这么说很幽默，而且还可以用"拿卢布"来吓一吓对方。但实际上，这固然吓不倒对方，还在语言逻辑上勾着别人往下骂。盛情难却，鲁迅就顺着他的话往下骂：对啊，你不知道自己的主子是谁，因为你是丧家的走狗！谁有钱，你就向谁摇尾巴，动物本能嘛。

吵架的时候，要事先想想自己这么说，别人会怎么回应。梁实秋倒好，跟于谦老师似的，成了捧哏的了。人家说：你是走狗！他说：可我不知道主子是谁。人家当然就顺着说：所以你是丧家的走狗嘛！

回过头来看，鲁迅和别人的争吵，往往都处于这种不对等的碾压状态，似乎是大人和孩子之间的战斗，对方几无还手之力。但是，这样吵来吵去还是有些浪费才华。叶公超说看了鲁迅杂文后，一边觉得他文字好，一边又替他不值得，觉得"骂他的人和被他骂的人实在没有一个在任何方面与他同等的"，这种说法也是颇有道理的。

三

钱钟书对鲁迅也有一段评论："鲁迅的短篇小说写得非常好，但是他只适宜写'短气'的篇章，不适宜写'长气'的，像是阿Q便显得太长了，应当加以修剪才好。"《阿Q正传》是不是太长，说不清楚，但是鲁迅的气质不适合写长篇，多半倒是真的。鲁迅自己对此也有意识。

三十年代在上海的时候，他有过一次创作危机。在很长一段时间里，除了《非攻》《起死》《采薇》三个小短篇以外，就没写过小说，也没写过散文诗。论敌在报纸上讥诮他江郎才尽，只会写杂文了。鲁迅表面上不以为然，说这是在哄骗自己停止战斗，远离世事，实际上他确有写小说的雄心，尤其是写长篇小说。

这也难怪，从事文学的人有几个没这等雄心呢？

他筹划写一部长篇的《杨贵妃》，从1921年开始，到1935年放弃，前后筹划了十五年，也没有真正动手。对杨贵妃的故事，鲁迅有自己的想法。他觉得唐玄宗是个聪明人，当然看出了杨贵妃与安禄山的私情，所以才会在七月七日长生殿上，和杨贵妃做来生之约，言下之意是，我和你今生的爱情算是完了！也正因为这样，杨贵妃死在马嵬坡的时候，唐玄宗才没有出手相救。

这个念头很有趣，但似乎也仅限于有趣，而且很难让人跟鲁迅联系起来。鲁迅为什么对此念念不忘达十五年之久？鲁迅性格偏好的多元，恐怕有旁人梦想不到的地方。但构思了十五年，又何至于连个草稿都没留下呢？也许鲁迅真的是缺乏写作长篇小说的才能。

至于短篇小说，鲁迅留下了三部集子，《呐喊》《彷徨》和《故事新编》。其中《故事新编》最难评说。一般文学史都会浓墨重彩地讲述前两部小说集，但说到《故事新编》就往往一笔带过。这并不是因为它写得不好，相反，它写得非常好，文学水平即便没超过《彷徨》，至少也比《呐喊》要好。但问题是它过于奇怪，逸出白话文写作潮流的主干之外。它写得相当恣肆，带有强烈的解构色彩，用时髦的话来说，甚至有点"后现代主义"。当然，鲁迅自己不会有这种意识，只能说是一种暗合。

当然，里头也不是篇篇都好，《起死》就挺一般，《非攻》更差，主题先行，文字呆板。但是除此之外，其他几篇都非常好。比如《奔月》，里面的幽默感和悲凉感浑然一体，把一个迟暮英雄写得活灵活现。不过最出色的一篇当然还是《铸剑》，这是绝对的鲁迅式小说，黑暗、刚硬、强悍，简直就是一盆血。要理解鲁迅的内心世界，《铸剑》可能就是一把钥匙。

至于《呐喊》《彷徨》里的小说，水平起伏也很大。《阿Q正传》《祝福》《孤独者》《风波》等等都极其出色，放在二十年代的文坛上，绝对是一骑绝尘，无人能及。但是有些篇目就写得不好，《鸭的喜剧》《白光》《高老夫子》等等，都很平庸。

这也有时代背景的原因。就像前面说的，当时白话文学刚刚起步，属于草创阶段。鲁迅在文体上得益于这个特定时代，但是在小说内容上就吃了亏。鲁迅不太确定怎么写才对，所以他是在摸索着写，尝试不同的风格。有的实验成功了，就很好；有的实验失败了，就不好。比如同是讽刺小说，《高老夫子》想讽刺一下知识阶层，没找好切入点，效果就很差。《肥皂》讽刺假道学老色鬼，抓住了那种感觉，实验就成功了。

但是最差的一篇可能还是《一件小事》。

这篇文章名气很大，被当成学生们必读范文，实际上写得很糟糕，完全不像鲁迅的笔墨。倘若《一件小事》不是鲁迅写的，现在恐怕根本不会有人去阅读。鲁迅在小说里热情地赞美了一位人力车夫。为了造成对比效果，鲁迅甚至有点矮化自己。最后车夫大无畏地搀着"老女人"走进警察局，鲁迅说："我这时突然感到一种异样的感觉，觉得他满身灰尘的后影，刹时高大了，而且愈走愈大，须仰视才见。而且他对于我，渐渐地又几乎变成一种威压，甚而至于要榨出皮袍下面藏着的'小'来。"

这简直是中学作文式的小说。当然，鲁迅很可能真的碰到过这样一位好人好事，但他一生中碰到过很多好人好事，自己也做过很多好事，何至于如此一惊一乍，甚至连人家的背影都打破透视原理，需要仰视才见呢？鲁迅写文章不会这么夸张，更不会这么上纲上线地赞美。

那么，鲁迅为什么会写这么一篇小说呢？

说起来，这也有时代背景。

鲁迅写《一件小事》的时候，学术界正流行"劳工神圣"的说法，认为他们是最伟大、最神圣、最高尚的群体。大家都觉得应该赞美一下。但是知识分子熟悉那些劳工呢？除了家里的佣人，主要就是车夫了。佣人这个群体有点不好措辞，所以大家一股脑儿都来赞美车夫。沈尹默、冯文炳、刘半农、李大钊、胡适、郁达夫等等，都写过人力车夫。

比如郁达夫在1924年写过一个短篇小说《薄奠》，里面的车夫就是一个极可敬的好人。他穷得难以为生，但还是拼命攒钱，就是想买下一辆属于自己的黄包车，省的受车行盘剥。"我"为了帮他，偷偷把一块银表塞给了他，谁知道第二天一早，车夫就寻上门来："先生，这是你的罢？你昨晚上掉下的罢？"坚持要归还。我自然非常感动。

我们不能确定郁达夫的《薄奠》是否来源于真实生活，也不能确定鲁迅的《一件小事》是否实有其事，但作为小说，它们都是套路化的失败之作。它们过于观念先行，人物不是活生生的个体，倒像是底层劳动者选出的一名代表。赞美了他，也就赞美了整个底层劳动者群体。对于文学来说，这是最最要不得的符号化写作。

关怀底层当然是人性中善良的体现，但如果将关怀转为赞美和崇敬，里面就不免有几分乡愿。细究起来，甚至有些虚伪。这当然和鲁迅的性格格格不入。但是大家都来赞美车夫，鲁迅也只好写了这么一个应景之作。但是他马上就停手了，再没写过类似的东西。

因此，在整套《鲁迅全集》里，《一件小事》也就成了最突兀、最另类的一篇文章。只不过因缘际会，《一件小事》被收入课本，广泛流传，让不少读者误以为这是鲁迅的一个侧面，其实绝非如此。严格来说，这篇小说是"非鲁迅式"的，甚至是"反鲁迅式"的。

鲁迅在晚年写过一篇《阿金》，描写的也是底层劳动者。没有了从众的压力，他就能把人物写得活灵活现。那才是鲁迅的本色，看人的眼光虽热亦冷，绝不会轻易有什么仰视，更不会置透视原理于不顾。

四

鲁迅的作品当然很好，但是这种好不像《红楼梦》。《红楼梦》的好，是壁立千仞、旷世一有的好。可如果把鲁迅作品拿出来一篇篇看的话，并没有这么厉害。大江健三郎言之凿凿地说，鲁迅是"二十世纪亚洲最伟大的作家"。这话很可能是对的。可是王朔反过来质问，鲁迅真是世界大文豪吗？就靠那些杂文和短篇？"没听说有世界文豪只写过这点东西的。"这话似乎也有道理。鲁迅的魅力，和他的作品本身，确实是有点不相称的。

那又是为什么呢?

鲁迅的魅力主要来自他独特的灵魂。他的作品就像一个个马赛克,单独看的话并不是超级厉害,但是摆放在一起,就拼凑出了一个有巨大魅力的图案,而这个图案就是鲁迅的灵魂。

我们很难清晰地描述出这个图案,因为它既神秘又模糊。增田涉形容鲁迅是"中国文艺界庞然的斯芬克斯",就是困惑于这种神秘与模糊。就拿鲁迅的思想来说,就没有一个准确的形状。你很难总结它,包括鲁迅自己也不能。他说:"当我沉默着的时候,我觉得充实;我将开口,同时感到空虚。"其中就有点这个意思。

鲁迅就像一座难以描述的深渊。想来这是因为鲁迅是用直觉来思考的,所以他的思维不成体系,缺乏边界。但也正因为这样,他的思想直接来自对生命的体验,有一种独特的力量。

我们经常说鲁迅很深刻。

什么叫深刻?并不是说他想法很奥妙,很博大。鲁迅的思想不是博大,但是敏锐。打个比方,这就像琴弦,同样的一个音节,拨别的弦,震动幅度小,但是拨鲁迅这根弦,震动幅度特别大。就拿痛苦这件事来说吧,社会黑暗啊,人民愚昧啊,国家危亡啊,知识分子看了痛心啊,当时的文化人其实说的都是类似的话语。胡适很痛心啊,周作人也很痛心啊,大家都很痛心啊。但是不一样,鲁迅表达出的痛苦感,比他们强烈得多。那不像观念上的苦闷,更像生理上的痛苦。

比如鲁迅说"吃人"。好多作家也会说:"这是一个人吃人的社会!"周作人对"吃人"这个话题就很感兴趣,还专门写文章做过考证,但那是一种居高临下的反思批判。然而对于鲁迅来说,"吃人"可不是什么社会批判,而是血淋淋的真实,是锐利的牙齿,狼藉的血肉,是萦绕在心灵深处的诅咒。

这也是胡适和鲁迅的一个本质区别。至少在二十年代的时候,他们的很多观念是接近的,但是胡适永远不能理解鲁迅为什么如此偏激,而鲁迅也永远不能理解,面对尖牙和血肉,胡适怎么可以这么不偏激?

敏锐导致了决绝。所以鲁迅比其他知识分子走得更远,走得更极端。他说自己的想法是黑暗的,很多黑暗的想法,甚至不敢说出来。那到底是怎么一个黑暗法呢?大胆猜测的话,他的根本想法,就是人——至少中国人,因为他对外国人的了解相对模糊,也不太关心——是没有希望的。他们不可能从根本上变好,这个社会也不可能从根本上变好。

这种极度悲观的念头当然没法说出口。而且他也觉得自己可能极端了。万一自己错了呢?所以他很喜欢裴多菲的一句话:"绝望之为虚妄,正与希望相同。"裴多菲这句诗,就是配合情节的随口一说,本身并无深意。但是对于鲁迅来说,这几乎成了他的一个核心命题:我绝望,但对这种绝望,我也并无把握。

这个命题的重心还是在绝望。

当然,这么想是有点偏激,但这是因为鲁迅对黑暗极端敏感。他就像大海绵一样,把所见到的黑暗之物都吸纳进来,铸成自己心头的铁刺。

　　鲁迅经常批判国民性，对传统文化也少有好话。施蛰存建议青年读《文选》和《庄子》，鲁迅看了就不以为然。他说青年要多读外国书，少读甚至不读中国书。他提出的理由很奇特，说"中国书虽有劝人入世的话，也多是僵尸的乐观；外国书即使是颓唐和厌世的，但却是活人的颓唐和厌世。"这话放在今天，肯定会被网友骂，其实就算在当时，骂的人也不少。

　　回过头来看，鲁迅这话当然不妥。中国书怎么就都是"僵尸的乐观"了？他自己不也一本接一本地看吗？至于他对国民性的批判，虽然相当深刻，但有时也不够公允。可这并不能简单地说成偏见。我们觉得鲁迅偏激，是因为我们感受不到鲁迅心中激荡的苦痛。所谓"爱之弥深，责之弥切"，这话对于他人或是托词，可对于鲁迅而言，却是言说的出发点。

　　说到底，鲁迅还是和这个人间纠缠得太深。还是拿他和弟弟周作人做个比较。周作人也批评国民性，但是他的批评是超脱的，而鲁迅则过于投入，以至于没法心平气和地评价历史的承转启合。

　　对这个人间世，周作人是真的冷淡，而鲁迅是真的热烈。所以，鲁迅的文字下面，始终有一种激情在鼓荡。而他又不像郭沫若，激动起来会大喊大叫："我是一条天狗呀！我把月来吞了，我把日来吞了，我把一切的星球来吞了，我把全宇宙来吞了！"那读起来多少有点不成体统。鲁迅采用了另一种方式。他用一层冷冷的膜，裹上了文字下面那岩浆般的热。这让他的文字有了一种迷人的魔力。

有人批评鲁迅没有建设性。鲁迅确实没有太大建设性，他是一种否定的力量。哪怕鲁迅出生在另一个时代，或者另一个国家，也不会有太大区别。在精神上，他就像《铸剑》里的那个神秘黑衣人，承负着人类所受的冤屈，燃烧着复仇的火焰。

鲁迅对自己的否定性似乎也有不安。到了三十年代，他大幅左转后，也想要成为一支建设性的力量。他甚至还苦读卢那察尔斯基（苏联教育家、艺术理论家）的文艺理论，试着使用"阵线""民众""帝国主义"之类的宏大词汇。这种努力值得尊敬，但是违背了他的本性。鲁迅的思维方式是具象的，并不适合研究抽象的理论，更不要说用理论指导创作了。所以这个阶段，鲁迅的杂文往往给人一种不自然的感觉。读那些文章，总觉得他在努力扮演一个陌生的角色。

他的左转当然有很复杂的原因，但其中有个重要的推力，那就是1927年的广州"四一五事变"，鲁迅亲眼目睹了国民党对青年的屠杀。鲁迅当时正在广州中山大学当教务主任。大学里很多亲共的学生被捕，生死系于一线。鲁迅就组织召开紧急会议，要求营救学生。他对同僚们说，我们都是"五四"一代，当时学生被捕我们都是救的呀！可是大家都不同意。鲁迅怒气冲冲地力争，傅斯年是中山大学文科学长（即文学院长），据说被鲁迅逼得号啕大哭，但还是没能去救，很多青年就这样死掉了。

这件事对鲁迅刺激极大。他说："我一生从未见过有这么杀人的。"在鲁迅看来，青年是未来的希望，这种屠杀是不可原谅的罪恶。

鲁迅对青年人是有份心结的。他对同龄人脾气很大，但碰到青年，态度就变得很好，照顾他们，接济他们，引导他们，因此也吃了不少亏。有时候，他碰到的事件简直就是荒唐透顶。比如有一个叫廖立峨的人，带着女朋友跑到上海，在鲁迅家一住就是好几个月，还非要给鲁迅做儿子。鲁迅当然不肯当他爹，最后实在受不了，把他赶走了。临走时，廖立峨还向鲁迅讹了一百二十块大洋，"并攫去衣被什器十余件"。生性强硬如鲁迅者，也会受这种气，让人难以想象。但这就是鲁迅的软肋所在。就像他自己说的："我一向是相信进化论的，总以为将来必胜于过去，青年必胜于老人，对于青年，我敬重之不暇，往往给我十刀，我只还他一箭。"

但是鲁迅毕竟是清醒的，尤其是经历了1927年的事变之后，他意识到了青年并不先天地具备优越性。他们依旧可能堕落、污秽、乖戾，弱时做帮凶，强时做暴主。他后来写道："我的一种妄想破灭了。我至今为止，时时有一种乐观，以为压迫，杀戮青年的，大概是老人。这种老人渐渐死去，中国总可比较地有生气。现在我知道不然了，杀戮青年的，似乎倒大概是青年，而且对于别个的不能再造的生命和青春，更无顾惜。"

但说归说，鲁迅终其一生，还是对青年扶掖有加。还是那句话，"绝望之为虚妄，正与希望相同"。青年是未来的希望,对他们绝望就是对未来绝望。鲁迅对他们既不敢相信,又不忍不信。

但最后还是逼着自己去相信。

五

鲁迅可能是带有偶像光环的,但即便如此,他性格还是有缺陷。

我们都有皮肤,所以对外界的痛楚没那么敏感,这让我们迟钝,但也保护了我们。而鲁迅就像一个被剥掉了皮的人,对痛楚是如此敏感,这让他成为一个天才,但也给了他一些负面的影响。

他在思想上就有一些危险的倾向,容易导致独断论。刘半农曾经送给鲁迅一副对联:"托尼学说,魏晋文章。"所谓"托尼",是指托尔斯泰和尼采。鲁迅和托尔斯泰扯不上什么关系,但是他确曾倾心于尼采的"超人学说"。这里就隐藏着对凡庸的鄙视,以及对破坏的浪漫想象。鲁迅性格里似乎有此种偏好,所以才会和尼采合拍。但是这种偏好就相当可疑,散发着某种危险的气息。

至于为人处世,鲁迅也有可议之处。他很正直,人品也很干净。至于他和周作人闹翻后,坊间流传的一些流言蜚语,细究起来都是无稽之谈。但是他的人品虽然没有问题,性格却有问题。他对世界的看法偏于悲观，对人不免偏狭多疑。这一点，他自己也是承认的。比如林语堂和他相交多年，却莫名其妙成了他猜疑的靶子，在酒桌上恶语相向，就此闹翻。而他攻击别人的时候，容易断章取义，无的放矢。他吵过无数次架，几乎每次都赢。但有的时候，鲁迅其实并不占理，能赢只是因为他文字功力了得。碰到这种事情，大家往往会采用双重标准，谅解鲁迅，因为他是鲁迅。这就是偶像光环。扪心自问，鲁迅于很多人而言，不也有这种光环吗？

由于光环的存在，人们可能会有过度的脑补。比如大家都说鲁迅是勇士。按照常人的标准看，鲁迅当然是很勇敢的人。杨杏佛被杀害的时候，他冒着很大的风险参加了葬礼，一般人未必都能做得到。比如林语堂就躲在家里，没敢去。但是鲁迅的勇敢是常人标准下的勇敢。跟普通人相比，鲁迅可能更正直一些，更倔强一些，但他身上有没有殉道者的巨大勇气呢？他是不是像钢铁一样坚硬呢？哪怕面对系统性的巨大压力，他是否也能坚守那份坚硬呢？

从文字里，似乎可以这么想象他是这样的；但在现实生活中，其实并不能找到确凿的根据。所以也只能大概说声：不知道。

但是有一件事是清楚的，那就是在中国文学史上，鲁迅既独特又伟大。民国作家里，人们都说张爱玲了不起，说沈从文了不起，或者说老舍了不起。张爱玲、沈从文是很好，但他们的好和鲁迅的好，不是一个分量上的。张爱玲的好，像一幅苍凉华丽的织锦；沈从文的好，像一条淙淙作响的河流。这种好，是你能感受、能触摸的。

但是鲁迅的好，却像一座大深渊。你附身看下去，黑雾中只见有龙鳞兽爪，时隐时现，难辨形状。雾气之下的水潭里，更有连鲁迅自己都叫不出名字的怪物。这是一种让人目眩的好。有时候你直起身来，脑子清醒一点，会觉得好像也没有刚才感受的那么好。可等你再附身去看，又觉得还是那么好。

但让你说到底看到了什么好东西，你又有点茫然。

因为这座深渊的好，一半是在那些龙鳞兽爪上，但还有一半则是在黑雾之中。黑雾的存在，既隐藏了龙和兽的全身，又让那些露出的鳞和爪更加神秘动人。

中国文学史上，再没有第二座这么怪异的深渊。

世间的义人   魏特琳

一

这篇文章讲的是魏特琳女士。

前面讲的都是中国人，而魏特琳是外国人，似乎有点不合体例。但想了想，还是要保留这篇文章，因为魏特琳和别的外国人不一样，她的整个生命几乎都奉献给了中国。为了中国人，她曾忍受过地狱般的煎熬，承受了难以想象的痛苦，最终走向了自毁。她值得中国人去铭记。

她是我们的英雄，也是这个世间的义人。世上就是有一些这样的义人。不管世界怎样的恐怖，怎样的堕落，总会有这样的人来提醒我们，人性中还是有耀眼的光明。这份光明如同天使的羽翼，鼓荡在人类的悲情大地上，给行走在上面的人以希冀和感激。

明妮·魏特琳（Minnie Vautrin）出生在1886年，这个年份在我们看来似乎就是个普普通通的数字，但实际上它多少预示了魏特琳未来的命运。南京大屠杀的指挥官谷寿夫比她大四岁，日本首相东条英机比她大两岁。魏特琳注定要见到一个充满战乱和屠杀的野蛮世界。

她本是个很普通的美国姑娘。

魏特琳童年丧母，家境贫寒，父亲也不怎么支持她的学业。但是她非常努力，靠四处打工赚取学费，最后以优异成绩从伊利诺伊大学毕业。年轻的魏特琳端庄漂亮，有不少追求者。但是她对结婚成家没太大兴趣，反而对教育和宗教更加热心。魏特琳性格严肃认真，总觉得这辈子应该做些更有意义的事情。那个时候，中国革命者刚刚推翻了清政府，一切看上去都蓬勃向上，充满希望。魏特琳被这个年轻共和国吸引了。于是，在1912年，她报名并由美国的联合基督教传教士公会派遣，来到中国从事教育。

魏特琳在合肥的一所女子学校教了六年多的书。在那里，她不仅学会了中文，还给自己起了个中文名"华群"。1919年，她又去南京，做了金陵女子大学（1930年更名为"金陵女子文理学院"）的教育系主任和教务主任，还做过几年的代理校长。后来，南京政府下令，所有中国大学的校长必须是中国人，魏特琳就把校长位置交了出去，安心做教务主任。她从未离开过金陵女子大学，这里成了她真正意义上的家。魏特琳曾经和一个男士订婚，但是她不肯离开大学，就把婚期推迟了一年。最后，这段异地恋无疾而终。

在金陵女子大学教书的时候，她发现周围有很多失学的孩子，女童的情况尤其严重。魏特琳就组织了一次筹款活动，同时还争取到了女子大学的支持。大学做出承诺，每从社会上募捐到两块钱，它就配捐一块钱。最后，魏特琳终于弄到了足够的钱，开设了一所附属小学，招收了附近的150名穷孩子。除此之外，她还带领教职员工，每周做两次义诊，向周围的穷人发放药品。没过多长时间，她就赢得了邻居们的尊重，他们称她为"华小姐"，请她坐在贫民窟的棚屋里，喝浑浊的粗茶。

但也不是每个人都喜欢她。魏特琳并非温柔和蔼的老好人。实际上，当日后南京沦为地狱的时候，一个老好人也不可能承担起魏特琳的那份责任。她强势，硬朗，有美国人那种做事直截了当的劲头儿。有些师生对她颇有意见，觉得她有点太专断了。但意见归意见，整个大学里没有人怀疑过魏特琳的无私品质。

她几乎把所有心血都花在学校上，就连回国度假的时候也忙着四处募捐、为图书馆买书、寻找愿意去中国的教师。老家的人们很尊重这位远赴异国的女子，有位杂货店老板想表达自己的敬意，盛情邀请她在店里挑一样商品，然后免费送给她。魏特琳挑了一把便宜的雨伞，说自己会在中国用它来遮雨。

她的工资是每月75美元，在中国这算是一份高薪，但要按照美国工资标准就不高了。有人在美国给她提供过别的职位，薪水至少翻一番，但是她想都没想就拒绝了。对于魏特琳来说，她在中国做的不是一份简单的工作，而是她的职责，她的信仰，她的精神寄托。

就这样，魏特琳过了很多年的太平日子，教书、上课、筹款，行政管理……闲暇时候，她在校园里种玫瑰花和菊花，然后每过几年，就回美国度次假。

她本来会一直平静生活，自得其乐，到一定岁数后光荣退休。等她回顾自己的一生时，会觉得平凡而满足。

但是，日本人来了。

二

在魏特琳51岁这年，日本发动了全面侵华战争。日军进展迅速，开始逐步向南京逼近。大量轰炸机出现在城市上空，向下投掷炸弹。南京的建筑物被漆成黑色或灰色，以降低被炸弹击中的概率。整座城市充满了恐慌气氛，火车站和码头挤满了人。魏特琳本来要在来年回美国休假，可她取消了这个计划。她觉得在危难之际，不能扔下学校不管。

魏特琳一边在学校里四处忙碌，一边在日记里哀叹说："中国不想要战争，而且它也没有准备好。我相信日本人民不想要战争，但是，他们控制不了这台战争机器。"至于去留问题，她也想好了。"在出事故的时候，男人不应该弃船而去，女人也不应该丢弃她们的孩子。"对于魏特琳来说，这所大学就是她的孩子。

情况越来越紧急，各个国家都在撤侨。美国大使馆几次催促魏特琳赶紧离开，但每次都被她断然拒绝。美国副领事跑到学校来，试图说服她。副领事告诉她，南京已经是座危城，日本兵进来以后，什么事都做得出来，现在已经是最后的时间窗口。魏特琳向他道了谢，说不管发生任何意外，都由自己负责。她甚至建议美国大使馆也不要撤走。她觉得大使馆留下来的话，日本也许会有所顾虑，轰炸的时候说不定会少扔几枚炸弹。南京沦陷前夕，大使馆做了最后一次疏散，要求所有美国人都登上江边的炮艇，否则的话，一切后果自负。魏特琳再次拒绝。

美国大使馆没办法，就给了魏特琳一面巨大的美国国旗，还有很多绳子。大使馆认为到了危急关头，魏特琳可以用绳梯爬下南京城墙，朝江边逃命。这当然是美国人异想天开的念头，事实上这根本没法做到。

日本军队离南京越来越近，轰炸日益猛烈，他们烧杀抢掠的消息也传来了。魏特琳害怕了，她催着校长吴贻芳博士赶紧离开，不然恐怕只有死路一条。学校老师几乎都跑光了。有位美国女教师本来计划和魏特琳一起留下，但是看到城外血淋淋的死尸，也被吓跑了。最后，整个校园除了校工外，只剩下了三位教师：魏特琳、曾女士和陈先生。

有十几个外国人像魏特琳一样，也留在了南京城。他们四处奔走，终于获准建立了中立的安全区。安全区有3.8平方公里，用红十字旗标记出边界。日本军队考虑到国际影响，也默认了安全区的存在。

安全区管理委员会的主席就是大名鼎鼎的德国人拉贝。大家选他当主席,是因为德国是日本盟国,拉贝说话会有些分量。事实上也确实如此。后来拉贝经常四处奔跑,看见行凶的日本人就会高喊着"嗨,希特勒!",前去阻止。这种喊叫往往能收到奇效。魏特琳要是高喊"罗斯福万岁!",绝不会有这效果。

魏特琳是委员会成员,她负责安全区内的金陵女子文理学院,这里只接受女难民。

一旦确定要把学校变成难民营,魏特琳就忙碌起来。她带着老师和校工,囤积大米、布置房间、焚烧敏感文件、张贴告示、把钱分散着藏起来。她还挂上了巨大的美国国旗,希望能让日本人知难而退。

按照魏特琳的计算,学院能接受2750名难民。可是后来的情况大大出乎她的意料。

1937年12月13日,南京沦陷。日本军队一进城就开始骇人听闻的屠杀和强奸。人们已经做了最坏的打算,可是现在的情况比最坏的打算还要坏。日军简直像一群嗜血的野兽,种种残暴的行为把人们吓坏了。大家蜂拥着朝安全区跑。安全区委员会的人前去接应,日军在安全区门口,当着他们的面杀难民。委员会的人都被惊呆了。

很多女人跑到金陵女子文理学院避难。人数迅速膨胀到了4000人,这里已经装不下了。魏特琳就在门口站岗,从早上八点半一直站到了晚上六点。她劝说中老年妇女回去,好把位置

239

留给年轻女性，因为她们更容易遭到强奸。但是日军的恶劣超乎想象，中老年妇女也并不安全。她们成群地跪在地上，朝着魏特琳磕头。魏特琳崩溃了，她敞开大门，不再按年龄区别对待。她甚至把一些老年男子也放了进来，安置在食堂里。最后，学校的每一个角楼都挤满了人，光是在阁楼上就有上千人，总人数估计接近一万。

日军搜查了金陵女子文理学院。

一百多士兵闯进来，在校园里架起了六挺机关枪，要找出躲在这里的中国士兵。这里没有中国士兵，但是藏有几百件军用棉衣。那是以前南京妇救会做的，魏特琳舍不得扔掉，想要留给难民过冬。魏特琳想到日军一旦发现这些棉衣会有什么后果，顿时不寒而栗。幸亏日军被别的事情吸引了注意力，没有搜到这些衣服。等日军走后，魏特琳把这些衣服全都埋了。

当天晚上，魏特琳亲眼看到一辆卡车从学校面前驰过，上面装着好多年轻姑娘，她们冲着魏特琳高声尖叫："救命！救命！"也许这些姑娘是想到学校来避难，在半路上被截住了。魏特琳听到呼救声，心如刀绞，却毫无办法。

金陵女子文理学院里的难民太多了，这给魏特琳带来巨大的难题，不要说吃饭了，光是上万人的排泄都是让人头疼的大问题。好在魏特琳有实干精神，管理能力很强。她殚精竭虑地维持难民营。没有人饿死，没有出现传染病，病人也得到了基本的照料。

但是最让魏特琳恐惧的，不是人数的压力，而是日本兵。

三

电影《辛德勒名单》里有一段非常著名的场景——犹太会计拿着名单对辛德勒说："这份名单里是生命，名单外面是深渊，是死亡。"当时的安全区也就像这份名单。整个安全区里密密麻麻，挤下了二十多万人。而在安全区之外的南京城里，据估计只有几千中国人。那里到处都是鲜血，到处都是尸体。人们从安全区向外眺望，放眼过去，只有日本兵，还有他们脚下的尸体。当时留在南京的威尔逊医生（Robert O.Wilson，中文名韦如柏，他也是个超级勇敢的人物，始终坚持医生的职责，在最黑暗的日子里拯救了许多条生命）就哀叹说，现在这座城市就像《神曲》地狱篇的现代版。而安全区就像是这片地狱血海中的孤岛。

但是安全区里也并不绝对安全。一般来说，日本兵不敢在这里明目张胆地杀人，但是他们还是经常往安全区里闯，抢劫，强奸，找各种理由把人拖出来杀掉。而金陵女子文理学院是个女子难民营，日本兵更喜欢往里闯。他们不仅会搞强奸，还会把姑娘拖出去送进军营，或者送去慰安所。

魏特琳每天最主要的工作就是在校园里四处奔波，阻止闯进来的日本兵。她不停地往日本使馆跑，最终搞到了保护信。每次看到行凶的日本兵，她就会挥舞着保护信，往外驱赶他们。人们曾回忆，当时的魏特琳，"就像一只扑扇着翅膀、保护小鸡的老母鸡"，她在校园里不断地来回奔跑。

可是很多日本兵并不买账。有的日本兵用手打掉她手里的信，拿刺刀尖指着她。有时候她还会挨打，魏特琳在日记里曾平静地写下："他打了我一耳光。"这样一位年逾半百的妇女，一直教书育人，受人尊敬，被当众打耳光无异于奇耻大辱，但是此刻魏特琳已经麻木了。

看见校园里的日本兵，她就会本能地冲上去。有一次，一个日本士兵用刺刀划破中国姑娘的衣服，想要强奸她。魏特琳慌慌张张地赶了过来，冲上去想要抓住他的刺刀。日本兵退缩了，魏特琳大声命令他离开，而他也真的转身走了。

一开始，她既保护姑娘不被强奸，也努力保护财产不被抢劫。后来她发现不可能两头都顾，就不再保护财产，能护住人就心满意足了。但日本兵的骚扰太频繁，她应付不过来，就要求日本军方派25名宪兵来维持秩序。结果这些宪兵到了晚上，居然带头强奸姑娘。魏特琳绝望了，就要求只留下两个宪兵，自己好能看得住他们。

许多人都认为，魏特琳管理下的金陵女子文理学院是最安全的难民营。就连日本人也都这么认为。一位日本军官甚至偷偷找过魏特琳——他有位中国女友，想把这位女友和她妹妹送过来。魏特琳接受了。

魏特琳在日记里愤怒地说："我真希望自己有力量打扁他们！"与此同时，她还抱有一种天真的幻想，魏特琳不止一次感叹说："要是有良知的日本人知道这里发生的事情，就好了！""要是日本妇女知道她们的丈夫和孩子在干这样的坏事,就好了!"她还曾经设想过,中国应该派出飞机,向日本投掷成千上万的小册子和传单,把战争的真相告诉普通的日本人。魏特琳觉得这样能让日本老百姓醒悟过来,结束这场战争。

周围的人都觉得这个念头幼稚可笑。确实有点幼稚,但这就是魏特琳内心深处的想法。她坚定地相信大部分人都是善良的,他们只是不知道真相而已。一旦获知真相,他们当然就会行动起来,阻止坏事的发生。她用自己的心灵去思考别人,却不知道那些心灵的黑暗、愚昧和懦弱。

但是魏特琳也害怕过。

有一次,日本兵忽然冲上门来,宣称魏特琳藏匿了中国士兵。魏特琳坚称没有,日本兵给了她一嘴巴,然后把她和三位校工都抓到了门口。那里跪着很多中国人,日本兵要求她从里面指认出学校的教工。她担心没有被指认的会被当成士兵枪杀,所以拒绝指认。

这时,安全委员会的三名成员正好来访,日本兵把他们也抓了起来。日本兵商议了一会儿,要求魏特琳离开学校,去外国人该去的地方。魏特琳说这里就是自己的家,断然拒绝。

然后她就被晾在了那里。

前面是一大群中国人,远处是荷枪实弹的日本兵。这时,校园里传来妇女的哭喊声。日本兵趁魏特琳不在,开始抓人强奸。

但是魏特琳一动没敢动。她以为自己马上就要被射杀。她不动，但也不肯离开，就这么僵持着。魏特琳在日记里写道："我永远不会忘记这一幕。我永远都不会忘掉这一幕。一大群中国人跪在路边，我们则站在另一边，枯叶纷飞，寒风哀鸣，被抓走的女人哭喊着远去。"

日本兵走了，现场的人依旧不敢动。他们担心这是个诱饵。说不定日本兵就躲在角落里，一旦看到他们动了，就会找借口开枪。一直到晚上十点多，他们才敢返回学校。现场已是一片狼藉。

电影《金陵十三钗》描写了这一段场景，只是做了一些改动。说到《金陵十三钗》，不知道为什么张艺谋要让主角是位男牧师，实际上这些事情都发生在魏特琳身上。包括电影里那个交出妓女的决定，也是魏特琳做出的。日本军方要求魏特琳交出100名妓女，建立正规的慰安所。他们许诺这样一来，士兵们就不会再到难民营里来了。魏特琳同意了。在日记里，她经常做出各种评论，记录自己的心理。但是在写到这一段的时候，她没有任何描写，就是干巴巴的一句，"我们同意了"。这种空白也许比诉说，隐藏着更多的信息。

跟电影里演得不一样，魏特琳他们并没有挑选姑娘。魏特琳只是在办公室里等着，日本兵进到校园里，带走了二十一个姑娘。女孩子跑来问魏特琳："他们还会不会再带走剩下的七十九个？"魏特琳安慰她们说："如果我有能力阻止他们，就不会。"这是一句废话，可是她此时能说的，也只有这样的废话。

四

无论现状如何让人绝望，魏特琳也没有对中国失去信心。

一位老妇人到厨房里找粥喝，可是粥已经没有了。魏特琳把自己正在喝的粥递过去，对她说："你们中国人不用担心，日本一定会战败，中国绝不会灭亡。"有个小男孩为了自保，戴上了日本的旭日袖章。魏特琳很不高兴，让他摘下袖章，说："你不用戴这个东西。你是中国人，你的国家没有灭亡。但是你要记住自己佩戴它的这段日子，永远都不要忘记。"

魏特琳不止一次跟难民们讲话说："中国不会灭亡，而且永远不会灭亡。日本一定会失败。"

大屠杀的高潮渐渐过去，难民营也被陆续解散，但是金陵女子文理学院一直坚持到了最后。即便难民营被关闭以后，校园里还是藏着八百多个姑娘。魏特琳不得不四处筹款，来维持这些人的生活。她还带着这些女人到监狱里去指认自己的丈夫和孩子，组织请愿释放这些男人。

从1937年开始，她就一直在奔忙。在这个过程中，她以肉眼可见的速度垮掉了。她的日记里不断出现这样的抱怨："我累死了！""我现在脾气极端暴躁！""我完了！"学校一直劝说她回美国休一年假，纽约方面的"金陵委员会"愿意支付所有费用，包括休假期间的工资。但是魏特琳始终拒绝。她觉得这个时候离开南京，是不对的。汪精卫的伪政权在南京成立了，要求学校使用亲日教材，魏特琳对此愤懑不已，尽量拖延执行的时间。

她不像其他外国人,能够绕过去大屠杀这道心坎。魏特琳拒绝乘坐日本经营的电车。当时在南京,只有日本商家经营西餐,出售西方商品。在西方人圈子里,魏特琳是唯一一个抵制这些商家的人。她宁肯不吃西餐,不用西货,也绝不让日本人赚她的钱。有一次,天气很冷,她打算坐公交车回家。但是等她上了车以后,才发现这是日本商家经营的。魏特琳马上表示要下车。售票员问她为什么,她说自己宁愿坐黄包车,好让中国穷人能赚点钱,也不愿把钱送给日本人。售票员也是个中国人,她很客气地把车票钱退给了魏特琳。

"大屠杀"就像一道诅咒,始终纠缠着她。也正因如此,她精神渐趋崩溃,晚上无法入睡,并且出现了自杀倾向,不得不返回美国接受治疗。

这个时候,无论在南京还是在美国,她都成了名人。很多难民都称她为"活菩萨"。有次,一个南京小孩子冲着她喊"洋鬼子!",马上就有人跑来斥骂这孩子:"这不是洋鬼子!这是华女士!她是咱们的人!"美国人也认为她是英雄。她的老家专门为她设立了"明妮·魏特琳日",准备大张旗鼓地欢迎她。

但是在归国的船上,魏特琳却试图跳海自杀。

她有一种强烈的负罪感。周围的人都说她是英雄,她却固执地认为自己是个失败者,还临阵脱逃,根本不配得到大家的照顾。医生对她做出了诊断,认为她精神崩溃主要有三个原因：大屠杀带来的心理压力、过度劳累、营养不良。好在医生认为她是可以治愈的。

接着就是漫长的治疗过程。她所属的机构承担了所有的治疗费用。但是魏特琳认定自己给中国、给金陵女子文理学院都带来了耻辱，不配浪费慈善者的钱来治病。这种想法非常奇怪。她那种强烈的负罪感，是因为当年在校门口，因为畏惧没有跑回学校？是因为她做了交出二十一名妓女的决定？还是因为什么其他更抽象的观念？没有人知道。

一位朋友安慰她说："要是把钱花在你身上都是浪费，那上帝一定是个吝啬鬼。"但是魏特琳并没有被说服。

魏特琳一直筹划着返回南京。她忧心忡忡地询问身边的人："在这个时候，我离开南京，是不是不对啊？"即便在养病的时候，她还是会到处写信，为针对中国的募捐活动出力。每天早上，她都会用四个小时打包运往中国的救灾物资。下午的时间用来休息和放松。

大家都认为她的病情开始有所好转，她自己也写信给朋友说，打算尽快返回中国。但是1941年5月，她忽然打开了厨房的煤气燃嘴，自杀身亡。她留下了一张便条——说自己是失败者。

魏特琳始终是基督教徒，她一直说："我相信信仰、祈祷和科学。"基督教严禁自杀。谁也无法想象她到底经历了什么样的心灵痛苦，才会宁愿违背自己的信仰，也要选择自杀。联合基督教传教士公会的执行秘书在她的讣告上说："魏特琳女士是这场战争中的烈士,她就像士兵一样,倒在了战场上。"

她死的时候55岁,一生在中国待了28年。临死前不久,她曾对朋友说过,如果能活两次,那么她还会去中国,为那里的人服务。她被安葬在密歇根州雪柏镇(Shepherd)的郊区,墓碑顶上刻着四个汉字:金陵永生。

魏特琳自己虽然在绝望中死去,但是她的一生却给人希望和信心,对人性的信心,对光明的信心,对善良的信心。《旧约》曾经提到过一个故事,当上帝要毁灭索多玛的时候,他对亚伯拉罕说,如果我能在城中找出十个义人,我就不毁灭那里。这当然是个象征性的寓言,当世界被邪恶和残暴淹没的时候,是义人给了它存在的理由,给了它延续的意义。

魏特琳是基督徒,那么就用《圣经·箴言》里的话来结束这篇文章吧:"义人所结的果子,乃是生命之树。"

© 中南博集天卷文化传媒有限公司。本书版权受法律保护。未经权利人许可，任何人不得以任何方式使用本书包括正文、插图、封面、版式等任何部分内容，违者将受到法律制裁。

图书在版编目（CIP）数据

乱世人心 / 押沙龙著 . -- 长沙 : 湖南文艺出版社，2025.8. -- ISBN 978-7-5726-2470-4

Ⅰ . K820-53

中国国家版本馆 CIP 数据核字第 202586UB15 号

上架建议：历史·文化

LUANSHI RENXIN
乱世人心

著　　者：押沙龙
出 版 人：陈新文
责任编辑：吕苗莉
监　　制：秦　青
特邀编辑：列　夫
营销支持：杨若冰　kk
图书装帧：姜　姜
出　　版：湖南文艺出版社
　　　　　（长沙市雨花区东二环一段 508 号　邮编：410014）
网　　址：www.hnwy.net
印　　刷：三河市航远印刷有限公司
经　　销：新华书店
开　　本：875 mm×1230 mm　1/32
字　　数：163 千字
印　　张：8.25
版　　次：2025 年 8 月第 1 版
印　　次：2025 年 8 月第 1 次印刷
书　　号：ISBN 978-7-5726-2470-4
定　　价：49.80 元

若有质量问题，请致电质量监督电话：010-59096394
团购电话：010-59320018